26

진짜녀석들

OPIc

IL 입문

진짜녀석들 OPIc IL

2쇄 발행   2023. 01. 02

지은이   박영진
펴낸이   박영진
기획팀   진짜녀석들 기획팀
편집팀   진짜녀석들 편집팀
관리팀   진짜녀석들 관리팀
주 소   서울시 송파구 법원로 4길 5, 226호
전 화   (02) 6956 0549
홈페이지   www.jinjja-eng.com
email   cs@jinjja-eng.com
ISBN   ISBN 979-11-970507-4-9 (13740)

저작권자   박영진

www.jinjja-eng.com

26

문장 암기로
획득하는

진짜녀석들
OPIc

IL

Contents

OPIc 의 이해

OPIc이란?

OPIc이란?

- OPIc(Oral Proficiency Interview computer)은 iBT 기반의 외국어 말하기 평가입니다.
- OPIc은 개인 맞춤형 평가로서, 응시자가 수십가지 항목 중에서 일정 개수를 선택한 후, 응시자의 실력에 따른 난이도를 선택합니다.
- 여러가지 다양한 토픽의 질문들을 듣고 음성을 녹음하여 채점자가 평가를 하는 시스템입니다.
- 단순히 문법 및 어휘만을 측정하는 시험이 아닌, 해당되는 질문에 명확하고 풍부한 답변을 얼마나 유창하게 하는가에 집중이 되어 있는 시험입니다.

OPIc 시험 구성

- OPIc은 총 1시간의 시험으로 Orientation(20분) & 실제 시험시간(40분)으로 구분되어 있습니다.
- 실제 시험시간은 40분이며, 40분을 모두 채우지 않아도 괜찮습니다.
- 또한 OPIc은 답변의 제한 시간이 없기에 15개 문제를 모두 마치면 종료 후, 퇴실하시면 됩니다.

Orientation 20분

Background Survey
- 평가문항을 위한 사전 질문

Self Assessment
- 시험의 난이도 결정을 위한 자기평가

Overview of OPIc
- 화면구성, 청취 및 답변방법 안내

Sample Question
- 실제 답변 방법 연습

시험시간 40분

1st Session
- 개인 맞춤형 문항
- 질문 청취 2회
- 문항별 답변시간 제한 無
- 약 7문항 출제

난이도 재조정
- Self Assessment (2차 난이도 선택)
- 쉬운질문/비슷한 질문 /어려운 질문 中 선택

2nd Session
- 개인 맞춤형 문항
- 질문 청취 2회
- 문항별 답변시간 제한 無
- 약 7문항 출제

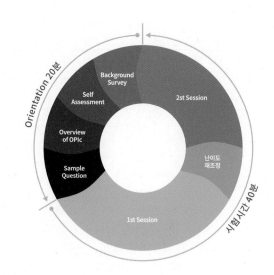

OPIc 평가 영역

OPIc은 아래의 5가지 영역이 충족되어야 보다 더 높은 등급을 획득할 수 있습니다.

Language Control	Function Global Tasks	Text Type	Contents Contexts	Comprehen-sibility
Grammar Vocabulary Fluency Pronunciation	일관적으로, 편하고 꾸준하게, 즉흥적으로 대처할 수 있는 언어 과제 수행 능력	어문의 길이와 구성능력 (단위 : 단어, 구, 문장, 접합된 문장들, 문단)	주제와 상황에 대한 표현 능력	질문 의도 파악 (Interviewer의 질문을 제대로 파악하였는가?)
출중한 영어 실력!	탁월한 센스!	든든한 암기량!	짱짱한 훈련!	리스닝 파악!
꾸준하게 학습한 영어실력이 바탕이 되어야 해요!	어떤 문제가 나와도 순발력 있게 대처 할 수 있는 센스가 바탕이 되어야 해요!	다양한 문제 답변을 대비한 탄탄한 암기가 바탕이 되어야 해요!	다양한 상황의 문제들의 답변에 대비한 연습이 바탕이 되어야 해요!	문제를 제대로 알아들을 수 있도록 수도 없이 질문을 듣는 리스닝이 바탕이 되어야 해요!

OPIc 등급

OPIc은 총 9개의 등급으로 나누어져 있습니다.

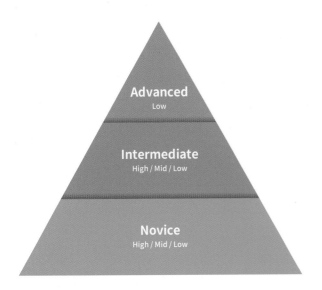

7

Background Survey 설정

OPIc은 개인 맞춤형 평가입니다. 응시자가 수십가지의 설문 항목에서 일정 개수의 주제를 선택하게 됩니다. 출제 주제와 질문을 최대한 예상하고 그에 맞는 답변을 제공하기 위해서 **진짜녀석들 OPIc**은 아래와 같은 Background Survey 선택을 추천합니다.

---

1. 현재 귀하는 어느 분야에 종사하고 계십니까?

☐ 사업/회사
☐ 가사
☐ 교사/교육자
☐ 군복무
■ 일 경험 없음

'사업/회사,재택 근무/재택 사업' 선택 시 추가 질문
1.1. 현재 귀하는 직업이 있으십니까?

☐ 네
☐ 아니오

'네' 선택 시 추가 질문
1.1.1. 귀하의 근무 기간은 얼마나 되십니까?

☐ 첫 직장 – 2개월 미만
☐ 첫 직장 – 2개월 이상
☐ 첫 직장 아님 – 경험 많음

'첫 직장 – 2개월 이상, 첫 직장 아님 – 경험 많음' 선택 시 추가 질문
1.1.1.1. 귀하는 부하 직원을 관리하는 관리직을 맡고 있습니까?

☐ 네
☐ 아니오

---

2. 현재 귀하는 학생이십니까?

☐ 네
■ 아니오

'아니오' 선택 시 추가 질문
2.2 예전에 들었던 강의 목적은 무엇입니까?

☐ 학위 과정 수업
☐ 전문 기술 향상을 위한 평생 학습
☐ 어학 수업
■ 수강 후 5년 이상 지남

3. 현재 귀하는 어디에서 살고 계십니까?

■ 개인 주택이나 아파트에 홀로 거주
☐ 친구나 룸메이트와 함께 주택이나 아파트에 거주
☐ 가족(배우자/자녀/기타 가족 일원)과 함께 주택이나 아파트에 거주
☐ 학교 기숙사
☐ 군대 막사

4. 귀하는 여가 활동으로 주로 무엇을 하십니까?
   (두 개 이상 선택)

   ☐ 영화보기
   ☐ 클럽/나이트클럽 가기
   ☐ 공연 보기
   ■ 콘서트 보기
   ☐ 박물관 가기
   ■ 공원 가기
   ☐ 캠핑하기
   ■ 해변 가기
   ☐ 스포츠 관람
   ☐ 주거 개선
   ■ 술집/바에 가기
   ■ 카페/커피전문점 가기
   ☐ 게임하기 (비디오, 카드, 보드, 휴대폰 등)
   ☐ 당구 치기
   ☐ 체스 하기
   ☐ SNS에 글 올리기
   ☐ 친구들에게 문자 보내기
   ☐ 시험대비과정 수강하기
   ☐ TV 보기
   ☐ 리얼리티 쇼 시청하기
   ☐ 뉴스를 보거나 듣기
   ☐ 요리 관련 프로그램 시청하기
   ■ 쇼핑하기
   ☐ 차로 드라이브하기
   ☐ 스파/마사지 샵 가기
   ☐ 구직 활동하기
   ☐ 자원봉사하기

5. 귀하의 취미나 관심사는 무엇입니까?
   (한 개 이상 선택)

   ☐ 아이에게 책 읽어 주기
   ■ 음악 감상하기
   ☐ 악기 연주하기
   ☐ 글쓰기 (편지, 단문, 시 등)
   ☐ 그림 그리기
   ☐ 요리하기
   ☐ 애완동물 기르기
   ☐ 독서
   ☐ 춤추기
   ☐ 주식투자 하기
   ☐ 신문 읽기
   ☐ 여행 관련 블로그나 잡지 읽기
   ☐ 사진 촬영하기
   ☐ 혼자 노래 부르거나 합창하기

6. 귀하는 주로 어떤 운동을 즐기십니까?
   (한 개 이상 선택)

   ☐ 농구
   ☐ 야구/소프트볼
   ☐ 축구
   ☐ 미식축구
   ☐ 하키
   ☐ 크리켓
   ☐ 골프
   ☐ 배구
   ☐ 테니스
   ☐ 배드민턴
   ☐ 탁구
   ☐ 수영
   ☐ 자전거
   ☐ 스키/스노우 보드
   ☐ 아이스 스케이트
   ■ 조깅
   ■ 걷기
   ☐ 요가
   ☐ 하이킹/트레킹
   ☐ 낚시
   ☐ 헬스
   ☐ 태권도
   ☐ 운동 수업 수강하기
   ☐ 운동을 전혀 하지 않음

7. 귀하는 어떤 휴가나 출장을 다녀온 경험이 있습니까?
   (한 개 이상 선택)

   ☐ 국내 출장
   ☐ 해외 출장
   ■ 집에서 보내는 휴가
   ■ 국내 여행
   ■ 해외 여행

Self Assessment 선택

OPIc은 개인 맞춤형 평가입니다. 6개의 난이도 중, 한 가지를 선택하시게 됩니다. 실제 시험에서는 각 난이도의 샘플 답변을 들어 보실 수 있습니다. 단, 실력과 무관하게 너무 높은 난이도를 선택 시, 등급의 불이익을 받을 수 있음을 알려드립니다.

희망 등급	난이도
IL	**난이도 1** 나는 10단어 이하의 단어로 말할 수 있습니다. **난이도 2** 나는 기본적인 물건, 색깔, 요일, 음식, 의류, 숫자 등을 말할 수 있습니다. 나는 항상 완벽한 문장을 구사하지 못하고 간단한 질문도 하기 어렵습니다.
IM1	**난이도 3** 나는 나 자신, 직장, 친한 사람과 장소, 일상에 대한 기본적인 정보를 간단한 문장으로 전달할 수 있습니다. 간단한 질문을 할 수 있습니다.
IM2	**난이도 4** 나는 나 자신, 일상, 일/학교와 취미에 대해 간단한 대화를 할 수 있습니다. 나는 이 친근한 주제와 일상에 대해 쉽게 간단한 문장들을 만들 수 있습니다. 나는 또한 내가 원하는 질문도 할 수 있습니다.
IM3 – AL	**난이도 5** 나는 친근한 주제와 가정, 일 학교, 개인과 사회적 관심사에 대해 자신 있게 대화할 수 있습니다. 나는 일어난 일과 일어나고 있는 일, 일어날 일에 대해 합리적으로 자신 있게 말할 수 있습니다. 필요한 경우 설명도 할 수 있습니다. 일상 생활에서 예기치 못한 상황이 발생하더라도 임기응변으로 대처할 수 있습니다. **난이도 6** 나는 개인적, 사회적 또는 전문적 주제에 나의 의견을 제시하여 토론할 수 있습니다. 나는 다양하고 어려운 주제에 대해 정확하고 다양한 어휘를 사용하여 자세히 설명할 수 있습니다.

OPIc 시험 화면

OPIc은 질문을 듣고, 답변을 녹음하는 스피킹 시험입니다. 시험 화면과 익숙해져야 실전에서 당황하지 않습니다. **진짜녀석들 OPIc**은 시험 화면과 흡사한 이미지를 지속적으로 보여주며 시험에 익숙하도록 도와줍니다.

1. 총 문항 수를 표시해주며, 응시자가 몇 번 문제를 풀고 있는지 확인 할 수 있습니다.

2. 각 문항마다 'Play' 버튼을 눌러 질문을 들을 수 있으며, 질문은 두 번 들을 수 있습니다.

3. 시험 화면 오른쪽 상단에 'Recording' 표시로 녹음이 되고 있음을 알 수 있습니다.

4. 'Next' 버튼을 클릭하여, 답변을 종료하며 자동으로 다음 문제로 넘어갑니다.

유형별 문제 설명

OPIc은 난이도 설정에 따라 Background Survey에서 응시자가 선택한 주제 및 선택하지 않아도 나오는 '돌발 주제'가 Random으로 12-15개의 문제가 출제됩니다. 각 주제는 콤보(2-3문제)로 출제되며, 콤보의 유형을 미리 파악하는 것이 중요합니다. **진짜녀석들 OPIc**은 난이도 설정에 따른 콤보 유형을 파악하고 답변 준비를 보다 더 효율적으로 할 수 있는 방법을 제공합니다. 유형은 크게 3가지로 묘사, 경험, 롤플레이 유형으로 나누어져 있습니다.

묘사 유형

일반 묘사

장소, 사람, 사물, 일상, 업무 등 콤보 문제의 첫 문제에 해당!
[현재 시제 사용!]

세부 묘사

앞의 묘사 문제의 세부적인 질문!
[루틴, 비교, 장단점, 전과 후, 이슈 등]

경험 유형

일반 경험

최근, 최초, 인상 깊었던 경험은 일반 경험으로 정리!
[무조건 과거 시제 사용!]

문제 해결 경험

해결점을 필히 제시해줘야 하는 경험!
[정확한 스토리 전개와 본인 감정 이입 필수]

롤플레이 유형

정보 요청

특정 상황 제시 후 추가 정보를 묻는 문제!
[인사말 ➡ 질문 1~3 ➡ 마무리 Format 사용]

문제 해결

특정 상황 제시 후 대안을 제시하는 문제!
[상황설명 ➡ 대안 1~3 ➡ 마무리 Format 사용]

단순 질문

면접관 'Eva' 에게 3~4개 질문하는 문제!
[인사말 ➡ 질문 1~3 ➡ 마무리 Format 사용]

난이도 **1** & **2** 선택 시 콤보 유형

난이도 **3** & **4** 선택 시 콤보 유형

난이도 **5** & **6** 선택 시 콤보 유형

OPIc 기출 문제 샘플

난이도 2 선택 시, 아래와 같은 유형으로 총 6개 주제(Background Survey에서 선택한 주제, 돌발 주제)로 출제됩니다. 어떤 주제가 출제되는지 미리 알 순 없지만, 질문 순서 별 유형은 정해져 있습니다.

1번: 자기소개

Let's start the interview now. Please tell me a little bit about yourself.

주제 1

2번: 묘사 – 공원 묘사

You indicated in the survey that you go to parks. Please tell me about the parks that you like to visit. What are they like and what is special about them?

3번: 세부묘사 – 공원에서 주로 하는 일 설명

What do you do at the park? Do you inline skate in the park? Do you play baseball in the park? What do you do in the park?

주제 2

4번: 묘사 – 우리나라 휴일 묘사

I would like to ask you about a holiday in your country. Where do people spend that holiday? What is so special about that holiday?

5번: 세부묘사 – 사람들이 휴일에 하는 행동 설명

In your city, what do people do during celebrations or parties? Eat, drink, what else do they do?

주제 3

6번: 묘사 – 음악 묘사

You indicated in the survey that you listen to music. What kinds of music do you listen to? Who are some of your favorite musicians or composers?

7번: 세부묘사 – 음악을 듣는 요일 설명

What days of the week do you listen to music? Monday? What days?

주제 4

8번: 묘사 – 날씨 묘사

Please tell me about the weather at where you live. What is the weather like in each season? Which season do you like the most?

9번: 세부묘사 – 오늘 날씨 설명

How is the weather today at where you are? Is it cold, is it warm? Talk about today's weather in detail.

주제 5

10번: 롤플레이 – 병원 예약 관련 질문

I would like to give you a situation and ask you to act it out. You need to make an appointment with your doctor. Call the office and describe what you need. Then ask three or four questions to find out when the doctor is available.

주제 6

11번: 묘사 – 집 묘사

I would like to talk about where you live. Can you describe your home? What does it look like? Give me a description with a lot of details.

12번: 롤플레이 – Eva가 사는 곳에 대한 질문

Ask me three or four questions to learn everything you can about where I live.

교재 구성

진짜녀석들 OPIc IL은 보다 더 효과적으로 학습할 수 있도록 교재의 구성 및 학습 순서에 대해 알려드립니다.

1. 유형별 답변 Format 숙지

OPIc은 면접에 의거한 스피킹 시험으로 각 유형별 필요 Format이 존재합니다.

단순 서론, 본론, 결론의 Format이 아닌, 유형별로 필요한 구조가 필요합니다.

답변 Format만 제대로 숙지한 후, 답변하신다면 답변의 길이가 길지 않아도 학습자의 생각이 명확히 전달됩니다.

진짜녀석들 OPIc IL을 통해서 2가지 유형(묘사, 롤플레이)의 답변 Format을 먼저 익히길 바랍니다.

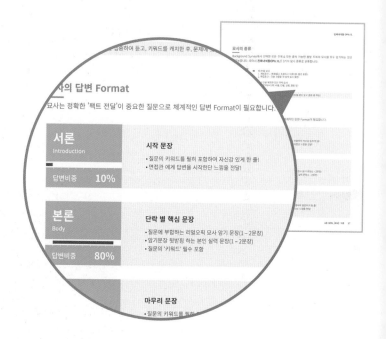

2. 유형별 핵심 문장 암기

OPIc은 다양한 주제의 질문들에 맞는 답변을 준비해야 하는 스피킹 시험입니다.

문장의 난이도(Text Type)를 높여 주기 위해서 여러 문법과 어휘가 포함된 핵심 문장의 암기는 필수입니다.

다만 모든 주제의 답변에 필요한 많은 양의 암기가 아닌, 필요한 만큼의 암기만으로도 충분합니다.

진짜녀석들 OPIc IL의 핵심 문장으로 어떤 주제의 질문에도 답변이 가능하도록 암기하시기 바랍니다.

교재 구성

진짜녀석들 OPIc IL은 보다 더 효과적으로 학습할 수 있도록 교재의 구성 및 학습 순서에 대해 알려드립니다.

3. 유형별 암기문장 활용법

OPIc은 여러 문제의 답변을 위해서 필수적으로 암기해야하는 문장이 존재합니다.

하지만 단순히 암기를 한다면 자신의 문장이 아니기 때문에 시험 도중 생각이 나지 않을 수가 있습니다.

또한, 해당 암기문장의 활용법을 모른다면 어떻게 사용해야 하는지도 몰라 답변을 못하는 경우가 발생합니다.

진짜녀석들 OPIc IL에서 암기한 문장들의 활용법을 배워 보다 더 자연스럽게 암기를 합니다.

> **묘사의 암기(서론)   I'm gonna~**
>
> 서론 암기문장의 문법을 정확히 배우고 응용해보세요.
>
> Okay Eva, park? Sure, **I'm gonna** tell you about the park.
>
> • [I'm gonna = I am going to] : **나는 ~ 할 것이다**
>
> 01.   가까운 미래를 나타내는 표현으로, 뒤에는 반드시 **'동사원형'**
> 02.   **'going to'** 는 발화시 빠르게 표현되어 **'gonna'** 로 발음
> 03.   비슷한 의미로는 조동사 **'will'** 도 사용 가능
>
> 사용 방법
>
> 동사 + going to (gonna) + 동사원형
>
> 동사원형

4. 유형별 암기문장 쉐도잉

OPIc은 원어민스러운 답변을 해야 보다 더 점수 획득에 도움을 받습니다.

채점자가 원어민이기에 무작정 암기한 문장만 나열한다면 답변의 전달이 안 될 염려가 있습니다.

그다지 발음이 좋지않아도 실제로 나의 답변처럼 말하는 방법을 배워야 합니다.

진짜녀석들 OPIc IL의 암기문장 쉐도잉으로 보다 더 자연스럽게 스피킹하는 방법을 획득하시기 바랍니다.

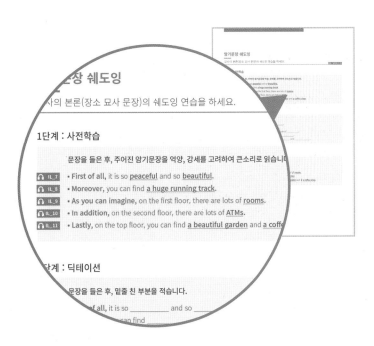

> 암기문장 쉐도잉
>
> 묘사 본론(장소 묘사 문장)의 쉐도잉 연습을 하세요.
>
> **1단계 : 사전학습**
>
> 문장을 들은 후, 주어진 암기문장을 억양, 강세를 고려하여 큰소리로 읽습니다.
>
> IL_7   • First of all, it is so __peaceful__ and so __beautiful__.
> IL_8   • Moreover, you can find __a huge running track__.
> IL_9   • As you can imagine, on the first floor, there are lots of __rooms__.
> IL_10 • In addition, on the second floor, there are lots of __ATMs__.
> IL_11 • Lastly, on the top floor, you can find __a beautiful garden__ and a coffe
>
> **단계 : 딕테이션**
>
> 문장을 들은 후, 밑줄 친 부분을 적습니다.
>
> of all, it is so _____ and so
> can find

교재 구성

진짜녀석들 OPIc IL은 보다 더 효과적으로 학습할 수 있도록 교재의 구성 및 학습 순서에 대해 알려드립니다.

5. 유형별 질문 리스닝 훈련

OPIc은 지문이 나오지 않기 때문에 질문을 알아듣지 못하면 답변을 할 수 없는 시험입니다.

리스닝 실력 향상에는 클래식한 방법이 정답입니다. 많이 듣고, 따라 읽는 것이 가장 직접적이면서 가시적인 효과가 있습니다.

다만, 무수히 많은 주제의 질문들을 기점으로 듣기 훈련을 하신다면 너무 긴 시간이 걸릴 것입니다.

따라서 **진짜녀석들 OPIc IL**을 통해서 2가지 유형(묘사, 롤플레이)의 질문을 듣고 키워드 캐치 능력을 키우시기 바랍니다.

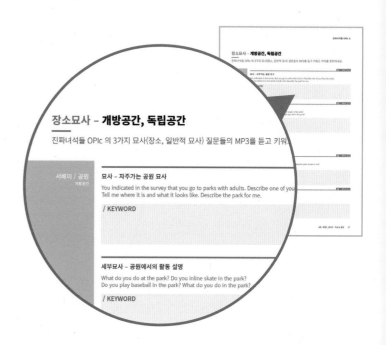

6. 유형별 답변 훈련

유형별 질문을 듣고 키워드를 캐치합니다.

답변의 한글 해석 또한 단락별로 나누어 제공하므로 보다 더 답변 Format에 익숙해질 수 있습니다.

답변 Format에 의거하여 핵심 문장과 본인 실력 문장을 사용하여 답변 훈련을 생성합니다.

유형별 핵심 암기 문장, 강조해야 할 키워드, 즉흥적으로 생성 가능한 문장들을 매 답변마다 제공합니다.

면접의 답변처럼 명확한 의미 전달에 중점을 두어 답변 훈련을 합니다.

추가로 학습 가능한 어휘 및 표현을 제공합니다.

교재 구성

진짜녀석들 OPIc IL은 보다 더 효과적으로 학습할 수 있도록 교재의 구성 및 학습 순서에 대해 알려드립니다.

7. 유형별 모의고사

유형별 실제 시험에서 출제되는 질문 순서의 화면으로 시험에 익숙해집니다.
질문의 순서에 맞춰 실제 답변을 연습한 후, 모의 답변으로 자신의 실력을 확인합니다.

8. APPENDIX

MP3 질문 리스트 : 유형별 질문들로 다양한 방법으로 훈련을 할 수 있습니다.
핵심 암기 문장 리스트 : 유형별 암기해야 할 문장들을 모아둔 자료를 제공합니다.
어휘 및 표현 리스트 : 추가 학습 가능한 어휘 및 표현 리스트를 취합하여 제공합니다.

학습 가이드

진짜녀석들 OPIc IL 교재 + 온라인 강의 시청 의 학습 가이드를 제공합니다.

1강 이론	유형1_묘사: 이론	묘사 유형 이론 파악 묘사 암기문장(16줄) 암기
2강 이론	유형 1_묘사: 암기문장 활용	묘사 암기문장별 문법 이해 묘사 암기문장 활용법 학습
3강 훈련	유형 1_묘사: 암기문장 쉐도잉	묘사 암기문장 끊어 읽기 방법 묘사 암기문장 발음,억양 연습
4강 훈련	유형 1_묘사: 리스닝 훈련	묘사 유형 질문 키워드 캐치 훈련 묘사 유형 답변 준비 연습
5강 훈련	유형 1_묘사(장소): 스크립트 훈련1	묘사 유형(장소) 예시 스크립트 제공 나만의 문장 추가 요령
6강 훈련	유형 1_묘사(일반): 스크립트 훈련2	묘사 유형(일반) 예시 스크립트 제공 나만의 문장 추가 요령
7강 이론	유형 2_롤플레이: 이론	롤플레이 유형 이론 파악 롤플레이 암기문장(10줄) 암기
8강 이론	유형 2_롤플레이: 암기문장 활용	롤플레이 암기문장별 문법 이해 롤플레이 암기문장 활용법 학습
9강 훈련	유형 2_롤플레이: 암기문장 쉐도잉	롤플레이 암기문장 끊어 읽기 방법 롤플레이 암기문장 발음,억양 연습
10강 훈련	유형 2_롤플레이: 리스닝 훈련	롤플레이 유형 질문 키워드 캐치 훈련 롤플레이 유형 답변 준비 연습
11강 훈련	유형 2_롤플레이(정보요청): 스크립트 훈련1	롤플레이 유형(정보요청) 예시 스크립트 제공 나만의 문장 추가 요령
12강 훈련	유형 2_롤플레이(단순질문): 스크립트 훈련2	롤플레이 유형(단순질문) 예시 스크립트 제공 나만의 문장 추가 요령
13강 훈련	모의고사 1	실전 모의고사 12문제 질문 & 예시 스크립트
14강 훈련	모의고사 2	실전 모의고사 12문제 질문 & 예시 스크립트
15강 이론	시험 진 징리	서베이, 난이도 숙지 총 12문제에 대한 최종 정리

학습 완료 시

시험 응시를 준비합니다.

추가 학습 플랜

MP3 질문 듣기

유형별 MP3를 들으시며 질문의 키워드 캐치에 집중합니다.
(MP3 질문은 학습하시는 내내(이동 시, 업무 중, 자기 전) 들어야 익숙해집니다.)

유형별 답변 스피킹 훈련

유형의 답변을 지속적으로 훈련하여 보다 더 자연스러운 답변을 구사합니다.

본인 실력 문장 추가

보다 더 풍부한 답변을 만들기 위하여 본인 실력 문장을 추가하는 훈련을 합니다.

시험 신청

준비가 되었다고 생각하시기 1주일 전에 시험 신청을 합니다.

시험 신청	시험 신청은 OPIc 홈페이지(www.opic.or.kr)에서 할 수 있습니다. OPIc은 연중 상시 시행 시험입니다. (일부 공휴일 제외) 다만 지역/센터별로 차이가 있을 수 있습니다. 신분증(주민등록증, 운전면허증, 공무원증, 기간만료 전 여권)을 필히 지참해야 합니다.
시험 재 응시 규정	시험 응시 후 재 응시 규정은 최소 25일 이후에 가능합니다. 다만 'Waiver' 제도를 사용하여 재 응시 규정을 무시하고 1번의 시험을 추가 응시 할 수 있습니다. 'Waiver' 제도는 150일에 한 번씩 사용이 가능합니다.
시험 결과	시험 결과는 응시일로부터 일주일 후 OPIc 홈페이지에서 성적 확인이 가능합니다. (일반적으로 오후 1시 발표) 취업 시즌 등의 경우 학습자 편의를 위해 성적 조기 발표(시험일로부터 3~5일)를 시행합니다.

OPIc IL

1강

유형 01 (묘사)

이론

묘사의 이해

OPIc 질문들은 콤보 형태로 나온다고 했죠?

난이도에 따라 질문의 유형도 달라진다고 했습니다.(OPIc의 이해 – 유형별 문제 설명 p13 참조)

각 콤보 문제의 첫 질문은 대부분 묘사로 시작합니다.

묘사는 흔히 장소, 사람, 사물, 일상, 업무 등을 묘사하게 됩니다.

묘사가 나오는 질문 번호를 외우세요!

묘사가 나오는 질문 번호를 외우세요!

IL 등급 목표 시, 난이도 2으로 설정하시면, 묘사는 총 9문제 출제!

묘사의 종류

Background Survey에서 선택한 모든 주제 & 모든 출제 가능한 돌발 주제의 묘사를 모두 암기하는 것은 불가능합니다. 따라서 **진짜녀석들OPIc IL**은 3가지 묘사 종류로 분류합니다.

| 장소 묘사 | ➡ | 밖/안을 묘사
1. 개방공간 – (평화롭고 조용하고 아름다운 풍경 표현)
2. 독립공간 – (3층 건물로 각 층의 묘사 표현) |
| 일반적 묘사 | ➡ | 밖 & 안을 제외한 모든 주제 묘사
3. 일반적묘사 (예: 사물, 인물, 상황, 행동 등) |

 문제를 집중하여 듣고, 키워드를 캐치한 후, 문제에 맞는 묘사 종류 중 택일!

묘사의 답변 Format

묘사는 정확한 '팩트 전달'이 중요한 질문으로 체계적인 답변 Format이 필요합니다.

서론 Introduction
답변비중 **10%**

시작 문장
- 질문의 키워드를 필히 포함하여 자신감 있게 한 줄!
- 면접관 에게 답변을 시작한단 느낌을 전달!

본론 Body
답변비중 **80%**

단락 별 핵심 문장
- 질문에 부합하는 진짜녀석들 OPIc 묘사 암기문장 (2-3문장)
- 암기문장 뒷받침 하는 본인 실력 문장 (1-3문장)
- 질문의 '키워드' 필수 포함

결론 Conclusion
답변비중 **10%**

마무리 문장
- 질문의 키워드를 필히 포함하여 깔끔하게 한 줄!
- 면접관에게 답변을 끝낸다는 느낌을 전달!

묘사의 암기문장 – 서론 & 결론

정확한 묘사의 답변을 위하여 서론과 결론에 필요한 암기문장을 제공합니다.

서론 - 시작문장

MP3 IL_1~3

• 오케이 에바, **공원**?
  Okay Eva, <u>park</u>?
  오케이 에바, 팔크?

  알겠어, 얘기해 줄게.
  Sure, I'm gonna tell you
  슈얼, 암가나 텔유

  공원에 대해서
  about <u>the park</u>.
  어바웃 더팔크.

• 음, **날씨**?
  Well, <u>weather</u>?
  웰, 웨덜?

  있잖아,
  You know,
  유노~,

  할말이 엄청 많아 에바야.
  I got a lot to tell you Eva.
  아갓 얼랏 투 텔유 에바.

• 오 알겠어, **음악**?
  Oh yeah, <u>music</u>?
  오 예, 뮤~직?

  있잖아,
  You know,
  유노~,

  난 **힙합**을 좋아해.
  I love <u>hip-hop</u>.
  알럽 힙합.

결론 - 마무리문장

MP3 IL_4~6

• 알겠어 에바,
  Alright Eva,
  올롸잇 에바,

  음악에 대해서 이정도면 될 것 같아.
  this is all I can say about <u>music</u>.
  디스이즈 올아캔 쎄이 어바웃 뮤~직

  고마워.
  Thank you.
  땡큐.

• 음, 오케이 에바,
  Well, okay Eva,
  웰, 오케이 에바,

  이 정도면 충분한 것 같아.
  that's all I can say.
  덴츠 올아캔 쎄이.

• 음, 그래~
  Um, yeah,
  엄 예~,

  이게 **내가 좋아하는 공원**이야.
  this is about <u>my favorite park</u>.
  디스이즈 어바웃 마페이보릿 파크.

> 암기문장 중, 밑줄 표시가 되어있는 부분은 주제별, 상황별로 학습자가 자유롭게 변형가능한 부분입니다.

묘사의 암기문장 - 본론

정확한 묘사의 답변을 위하여 본론에 필요한 암기문장을 제공합니다.

본론 - 단락 별 핵심 문장

🎧 **MP3 IL_7~11**

장소 묘사 문장

- 사실,
  First of all,
  펄스트오버얼~

  그곳은 너무 평화로워
  it is so peaceful
  이리즈 쏘~우 피~스풀

  그리고 아름다워.
  and so beautiful.
  앤 쏘~우 뷰리플

- 게다가,
  Moreover,
  모어오벌~

  넌 볼 수 있어
  you can find
  유캔파인

  아주 큰 조깅 트랙을.
  a huge running track.
  어 휴~지 러닝트랙

- 네가 상상하듯,
  As you can imagine,
  에~쥬캐니메~진,

  1층에는,
  on the first floor,
  언더펄슷플로~,

  많은 방들이 있어.
  there are lots of rooms.
  데어라 랏츠옵 룸스

- 추가로,
  In addition,
  이내디션,

  2층에는,
  on the second floor,
  언더쌕컨플로~,

  많은 ATM기계들이 있어.
  there are lots of ATMs.
  데어라 랏츠옵 ATMs.

- 마지막으로,
  Lastly,
  라슷틀리,

  마지막 층에는,
  on the top floor,
  언더탑플로~,

  넌 볼 수 있어
  you can find
  유캔파인

  예쁜 정원과 커피숍이 있어.
  a beautiful garden and a coffee shop.
  어 뷰~리플 가든 애너 커피샵

🎧 **MP3 IL_12~16**

일반적 묘사 문장

- 솔직히 말해서,
  Frankly speaking,
  프랭클리 스피킹~

  난 좋아해 모든 종류의 음악을
  I like all kinds of music
  알라익 올~ 카인접 뮤~직

  예를 들면, 발라드, 힙합 그리고 여러가지.
  such as ballad, hip-hop and so on.
  써치애즈 발라~드, 힙합 앤 쏘언.

- 또한,
  Also,
  올쏘~

  난 좋아해 케이팝을
  I like K-pop
  알라익 케이팝

  왜냐하면 그들은
  because they are
  비커~스 데이알

  유명해지고 있어.
  getting so popular.
  게링 쏘~ 포퓰러

- 솔직히 말해서,
  To be honest,
  투비어니스트

  항상 꽉 차 있어
  it is always packed
  이리스 얼~웨이스 팩트

  많은 사람들로.
  with lots of people.
  윗 랏츠옵 피플

- 뿐만 아니라,
  Plus,
  플러스

  난 좋아해 여행을
  I like traveling
  알라익 츄뤠벌링

  왜냐하면
  because
  비커~스

  난 스트레스를 풀 수 있거든.
  I can release stress.
  아캔륄리~스 스트뤠스

- 사실상,
  Actually,
  액츄얼리

  난 좋아해 내 친구를
  I like my friend
  알라익 마프뤤

  왜냐하면
  because
  비커~스

  그는 사교적이거든.
  he is an outgoing person.
  히스언 아웃고잉 펄쓴

📢 암기문장 중, 밑줄 표시가 되어있는 부분은 주제별, 상황별로 학습자가 자유롭게 변형가능한 부분입니다.

묘사 답변 준비 – 시험화면

난이도 2 설정 시, 묘사가 나오는 번호를 실제 시험화면으로 익숙해져야 합니다.

난이도 2 설정 시, 묘사 질문은 총 9문제(2,3,4,5,6,7,8,9,11번)가 출제됩니다.

1. 묘사 질문의 'play' 버튼 클릭 전, 묘사임을 인지합니다.

2. 진짜녀석들 OPIc 묘사 종류(장소 묘사, 일반적 묘사)를 생각합니다.

3. 'play' 버튼 클릭 후, 첫 번째 문제에서 묘사의 키워드를 집중해서 듣습니다.

4. 'replay' 버튼 클릭 후, 두 번째 문제는 듣지 않고 사용할 묘사 문장을 생각합니다.

5. 오른쪽 상단의 'recording' 버튼 생성 시, '묘사 답변 format' 대로 답변합니다.

 문제를 집중하여 듣고, 키워드를 캐치한 후, 3가지 묘사 종류 중 택일!

묘사 질문 파악 전략 – 예시

질문 듣기 전, 이미 유형을 알기에 키워드 캐치에 집중 하셔야 합니다.

예시 질문 - 공원, 카페, 음악

- You indicated in the survey that you go to **the park.** Tell me about the park you like.
  What does it look like? Where is it located? Please describe it.

  ① park 키워드 캐치 → ② 묘사 종류 선택 → ③ 답변 format 준비 → ④ 답변

- You indicated in the survey that you go to **cafes.** What cafes or coffee shops are in your neighborhood?
  Which café do you like to go to and what does that place look like? Describe the place in detail.

  ① cafes 키워드 캐치 → ② 묘사 종류 선택 → ③ 답변 format 준비 → ④ 답변

- You indicated that you like listening to **music** in the survey. What types of music do you enjoy listening to?
  And tell me about your **favorite singer.**

  ① music & favorite singer 키워드 캐치 → ② 묘사 종류 선택 → ③ 답변 format 준비 → ④ 답변

정확한 키워드 캐치를 위한 리스닝 방법을 훈련합니다.

ⓐ **첫 번째 문제에서 무조건 키워드 캐치**
  이미 묘사 유형임을 알고 있기에 키워드 단어에만 집중합니다.

ⓑ **묘사 종류 선택**
  알맞은 **진짜녀석들 OPIc**의 묘사 종류 중 하나를 선택합니다.

ⓒ **두 번째 문제 'replay' 하며 답변 준비**
  두 번째 문제는 듣지 않고, 묘사 답변 format에 맞추어 답변을 준비합니다.

묘사 답변 전략 – 예시

OPIc은 면접과 흡사한 시험으로 서론, 본론, 결론을 명확하게 지키며 답변합니다.

Q

You indicated in the survey that you like to go to **the park.** Tell me about the park you like. What does it look like? Please describe it.

당신은 **공원** 가는 것을 좋아한다고 했습니다. 좋아하는 공원에 대해 말해주세요. 어떻게 생겼습니까?
상세히 설명해주세요.

예시 답변 – 공원 묘사

서론
시작문장/10%

- Okay Eva, *the park?* Sure, I'm gonna tell you about the park.

본론
단락별 핵심문장/80%

- **First of all,** the park is so peaceful and beautiful.
  - The name of the park is Lake park.

- **Moreover,** you can find a huge running track.
  - And I always work out there with my friends.

- **Lastly,** you can find a beautiful coffee shop.
  - So I usually go there and have coffee or read a book.

결론
마무리문장/10%

- Um, yeah, this is about *my favorite park.*

묘사 답변의 고득점을 향한 스피킹 방법을 훈련합니다.

ⓐ **부사 사용(녹색 색상 단어 참고)**
단락의 시작은 항상 부사(접속부사, 부사절 등) 및 추임새를 사용하여 간결함과 연결성을 전달해줍니다.

- **First of all,** the park is so peaceful and beautiful.

ⓑ **암기 문장(파란 색상 문장 참고)**
진짜녀석들 OPIc에서 제공하는 핵심 암기 문장을 사용하여 높은 점수를 받을 수 있는 표현들을 사용합니다.

- **Moreover,** you can find a huge running track.

ⓒ **본인 실력 문장(빨간 색상 문장 참고)**
핵심 암기 문장의 추가 설명으로 풍부한 답변이 되도록 본인 실력문장을 더해줍니다. (문법적인 오류가 있어도 자신 실력 문장이 추가되어야 실제 본인 답변처럼 들립니다.) 제공하는 핵심 암기문장을 자신의 실력을 추가하여 변형하기도 합니다.

- And I always work out there with my friends.

ⓓ **강세 전달(밑줄 단어 참고)**
영어 말하기에서 강세는 의미를 전달하는 핵심 역할이므로 보다 더 자연스러운 답변을 위하여 강세 전달을 합니다.

- **Lastly,** you can find a beautiful coffee shop.

ⓔ **답변 키워드 강조(기울어진 단어 참고)**
답변의 키워드(ex. park)는 강조하여 읽어줍니다.

- Um, yeah, this is about *my favorite park.*

2강

유형 01 (묘사)

암기문장 활용

I'm gonna

I got a lot to~

조동사

형용사

접속부사

서수

전치사

현재진행

빈도부사

동명사

형용사

묘사의 암기(서론)　I'm gonna~

서론 암기문장의 문법을 정확히 배우고 응용해 보세요.

Okay Eva, park? Sure, I'm gonna tell you about the park.

• [I'm gonna = I am going to] :　나는 ~ 할 것이다

01.　가까운 미래를 나타내는 표현으로, 뒤에는 반드시 '**동사원형**'

02.　'**going to**' 는 발화시 빠르게 표현되어 '**gonna**' 로 발음

03.　비슷한 의미로는 조동사 '**will**' 도 사용 가능

사용 방법

be 동사 + going to (gonna) + 동사원형

= will + 동사원형

활용 및 응용

• I'm gonna tell you about the park.

• I will tell you about the park.

• I'm gonna go to the park.

MEMO

34

묘사의 암기(서론)　I got a lot to~

서론 암기문장의 문법을 정확히 배우고 응용해 보세요.

Well, weather? You know, I got a lot to tell you Eva.

• [I got a lot to] ： 나는 ~할 것이 많다

01.　I got = I have와 같은 의미로 **'나는~을 가지고 있다'** 를 의미

02.　a lot = lots와 같은 의미로 **'많은'** 을 의미

03.　**'a lot of + 명사'** 로 사용하여 해당 명사의 많은 양을 나타낼 수 있음

04.　to 다음에는 반드시 **'동사원형'**

사용 방법

I got a lot to + 동사원형

활용 및 응용

• I got a lot to tell you.

• I have a lot to tell you.

• I got lots of things to tell you.

MEMO

묘사의 암기(결론)　조동사

결론 암기문장의 문법을 정확히 배우고 응용해 보세요.

Well, okay Eva, that's all I can say.

• [조동사] :　can(~할 수 있다)

01.　**'조동사'**는 뒤에 나오는 동사를 **'보조해 주는 역할'**

02.　조동사 뒤에는 반드시 **'동사원형'**

03.　can은 어떤 **'행동이나 상태의 가능성'**을 나타냄

사용 방법

can + 동사원형

활용 및 응용

• That's all I can say.

• That's all I can remember.

• That's all I can talk about.

MEMO

묘사의 암기(장소 묘사 문장) 형용사

장소 묘사 암기문장의 문법을 정확히 배우고 응용해 보세요.

First of all, it is so peaceful and so beautiful.

• [형용사] ： peaceful(평화로운), beautiful(아름다운)

01. **'형용사'**는 **'~하는'**으로 해석되어, 사람, 사물, 개념 등의 모습, 상태를 나타내는 말
02. be 동사와 함께 쓰이면 **'~하다'**로 해석
03. 명사 앞에 위치하여 **'해당 명사를 꾸며주는 역할'**
04. beautiful, pretty, fun, outgoing, sad, sunny, cold 등

사용 방법

be동사 + 형용사

활용 및 응용

• It is so peaceful and so beautiful.

• The park is so nice and huge.

• My friends are tall and handsome.

MEMO

묘사의 암기(장소 묘사 문장)　접속부사

장소 묘사 암기문장의 문법을 정확히 배우고 응용해 보세요.

Moreover, you can find a huge running track.

• [접속부사]：moreover(게다가)

01.　**접속부사**는 **문장과 문장을 연결해 주는 연결어**의 역할
02.　**moreover**는 앞 문장에 **추가 내용을 덧붙여줄 때** 쓰임
03.　같은 표현으로는 'in addition', 'also', 'besides' 등

사용 방법

moreover + 주어+ 동사

* 앞 문장에 추가 되는 내용을 덧붙일 때 사용

활용 및 응용

• The park is beautiful. Moreover, you can find a huge running track.

• They party together. Moreover, they work out together.

• I go to a café for coffee. Moreover, I can release stress.

MEMO

묘사의 암기(장소 묘사 문장)   서수

장소 묘사 암기문장의 문법을 정확히 배우고 응용해 보세요.

As you can imagine, on the first floor, there are lots of rooms.

• [서수] : first(첫 번째)

01.   영어에서 숫자를 나타낼 때는 **'기수'**와 **'서수'**로 구분
02.   **기수:** 기초를 나타내는 수 (one, two, three, four, five…)
03.   **서수:** 순서를 나타내는 수 (first, second, third, fourth, fifth…)
04.   영어에서는 **'층수를 표현'**할 때는 반드시 서수를 사용
05.   **'줄임말'**로 외우기 (1st, 2nd, 3rd, 4th, 5th …)

사용 방법

층수나 순서를 나타낼 때는 반드시 서수 사용

활용 및 응용

• On the first floor, there are lots of rooms.

• On the second floor, there are lots of ATMs.

• On the fourth floor, you can find a gym.

MEMO

묘사의 암기(일반적 묘사 문장) 전치사

일반적 묘사 암기문장의 문법을 정확히 배우고 응용해 보세요.

Frankly speaking, I like all kinds of music such as ballad, hip-hop and so on.

• [전치사] : such as(~와 같은)

01. **'such as'**는 두 단어가 하나의 phrase를 만드는 **'복합 전치사'**

02. **'~와 같은'** 이라는 의미를 가지며 **'앞에 나온 내용의 예시를 나열'**

03. 전치사이므로 반드시 **'뒤에는 명사/동명사를 취함'**

04. 동일한 표현으로는 **'like'** 사용

사용 방법

such as + 명사 / 동명사

활용 및 응용

• I like all kinds of music such as ballad and hip-hop.

• I like Italian food like pizza and pasta.

• On weekends, I do lots of things such as eating, sleeping, playing and so on.

MEMO

묘사의 암기(일반적 묘사 문장) 현재진행

일반적 묘사 암기문장의 문법을 정확히 배우고 응용해 보세요.

Also, I like K-pop because they are getting so popular.

• [현재진행] : be동사 + 동사ing(~하는 중이다)

01. **'현재진행'**은 문장의 시제 중 하나로, **'진행 중인 동작이나 상태를 표현'**

02. **'be동사 + 동사ing'** 형태를 이루며, **'~하는 중이다'**로 해석

03. be동사 **'시제'**에 따라 현재진행, 과거진행으로 표현 가능

04. 간혹 **'가까운 미래를 표현'**할 때도 사용

사용 방법

be동사 + 동사ing

활용 및 응용

• I like K-pop because they are getting so popular.

• I am listening to music right now.

• My friend John is working at a café now.

MEMO

묘사의 암기(일반적 묘사 문장)　빈도부사

일반적 묘사 암기문장의 문법을 정확히 배우고 응용해 보세요.

To be honest, it is always packed with lots of people.

• [빈도부사] :　always(항상)

01. 부사는 '**문장 전체나 형용사, 동사를 꾸며주는 역할**'
02. '**빈도부사**'는 '**어떤 일이나 행동의 빈도수**'를 나타냄
03. 빈도부사는 '**동사의 종류에 따라 문장에서의 위치**'가 달라지므로 주의
04. '**be동사, 조동사 뒤**' / '**일반동사 앞**'
05. always (항상), usually (보통), often (종종), sometimes (때때로), never (절대)

사용 방법

be동사 + **빈도부사**

조동사 + **빈도부사**

빈도부사 + 일반동사

활용 및 응용

• It is always packed with lots of people.

• I can always go to the park.

• We sometimes visit the beach.

MEMO

묘사의 암기(일반적 묘사 문장) 동명사

일반적 묘사 암기문장의 문법을 정확히 배우고 응용해 보세요.

Plus, I like traveling because I can release stress.

• [동명사] : traveling(여행하는 것)

01. **'동명사'**는 **'동사 뒤에 –ing를 추가'**하여 **'명사'** 형태로 만들어 주는 것
02. 명사 위치에 올 수 있으며 **'~하는 것'** 으로 해석
03. 동일한 형태의 **'분사'** 형태와 헷갈리지 않는 것이 중요

사용 방법

동사 + ing, 명사의 역할

활용 및 응용

• I like traveling because I can release stress.

• You like listening to music, right?

• Running is the best way to lose weight.

MEMO

묘사의 암기(일반적 묘사 문장) 형용사

일반적 묘사 암기문장의 문법을 정확히 배우고 응용해 보세요.

Actually, I like my friend because he is an outgoing person.

• [형용사] : outgoing(활발한~)

01. **'형용사'**는 명사를 꾸며주는 수식어로 **'~하는'**, **'~한'**으로 해석
02. 보통 **'명사의 앞에 위치'**하여 **'뒤에 오는 명사를 수식'**
03. 단, something, nothing, anything과 같은 단어에는 **'형용사가 뒤에 위치함'**

사용 방법

형용사 + 명사

* 단, **something, nothing, anything과 같은 단어에는 형용사가 뒤에 위치**

활용 및 응용

• I like my friend because he is an outgoing person.

• You can find a beautiful garden.

• I have something important to tell you.

MEMO

3강

유형 01 (묘사)

암기문장 쉐도잉

1단계 : 사전학습

2단계 : 딕테이션

3단계 : 문장 끊어 읽기

4단계 : 전체 문장 읽기

5단계 : 반복 학습

암기문장 쉐도잉

암기문장 쉐도잉은 총 5단계로 나누어져 있습니다.

진짜녀석들 OPIc의 암기문장을 반복듣기 하면서 쉐도잉을 진행합니다.

| 1단계 **사전학습** | 문장을 들은 후, 주어진 암기문장을 억양, 강세를 고려하여 큰소리로 읽습니다.
ex.) Actually, **It** is incredibly **beautiful** and **peaceful.** |

| 2단계 **딕테이션** | 문장을 들은 후, 밑줄 친 부분을 적습니다.
ex.) Actually, ___ is incredibly _____ and _____. |

| 3단계 **문장 끊어 읽기** | 문장을 들은 후, 청크 단위로 끊어 읽어 봅니다.
ex.) Actually, / **It** is incredibly **beautiful** / and **peaceful.** |

| 4단계 **전체 문장 읽기** | 문장을 들은 후, 3단계를 여러 번 반복한 후, 전체 문장을 한숨에 읽어 봅니다.
ex.) Actually, **It** is incredibly **beautiful** and **peaceful.** |

| 5단계 **반복학습** | 위 단계를 반복하여, 영어의 어순으로 된 한글 해석을 보며, 쉐도잉 연습을 합니다.
ex.) 사실, **그곳은** 숨막히게 **아름다워** 그리고 **평화로워.** |

암기문장 쉐도잉

묘사의 서론(시작 문장)의 쉐도잉 연습을 하세요.

MP3 IL_1~3

1단계 : 사전학습

문장을 들은 후, 주어진 암기문장을 억양, 강세를 고려하여 큰소리로 읽습니다.

IL_1 • Okay Eva, <u>park</u>? Sure, I'm gonna tell you about <u>the park</u>.
IL_2 • Well, <u>weather</u>? You know, I got a lot to tell you Eva.
IL_3 • Oh yeah, <u>music</u>? You know, I love <u>hip-hop</u>.

2단계 : 딕테이션

문장을 들은 후, 밑줄 친 부분을 적습니다.

• Okay Eva, _____? Sure, I'm gonna tell you about _____.
• Well, _____? You know, I got a lot to tell you Eva.
• Oh yeah, _____? You know, I love _____.

3단계 : 문장 끊어 읽기

문장을 들은 후, 청크 단위로 끊어 읽어 봅니다

• Okay Eva, <u>park</u>? / Sure, / I'm gonna tell you about / <u>the park</u>.
• Well, <u>weather</u>? / You know, / I got a lot to / tell you Eva.
• Oh yeah, <u>music</u>? / You know, / I love / <u>hip-hop</u>.

4단계 : 전체 문장 읽기

문장을 들은 후, 3단계를 여러 번 반복한 후, 전체 문장을 한숨에 읽어 봅니다.

• Okay Eva, <u>park</u>? Sure, I'm gonna tell you about <u>the park</u>.
• Well, <u>weather</u>? You know, I got a lot to tell you Eva.
• Oh yeah, <u>music</u>? You know, I love <u>hip-hop</u>.

5단계 : 반복 학습

위 단계를 반복하여, 영어의 어순으로 된 한글 해석을 보며, 쉐도잉 연습을 합니다.

• 오케이 에바, **공원**?	알겠어, 얘기해 줄게.	**공원**에 대해서
• 음, **날씨**?	있잖아,	할말이 엄청 많아 에바야.
• 오 알겠어, **음악**?	있잖아,	난 **힙합**을 좋아해.

암기문장 쉐도잉

묘사의 결론(마무리 문장)의 쉐도잉 연습을 하세요.

🎧 **MP3 IL_4~6**

1단계 : 사전학습

문장을 들은 후, 주어진 암기문장을 억양, 강세를 고려하여 큰소리로 읽습니다.

🎧 IL_4 • Alright Eva, this is all I can say about <u>music</u>. Thank you.

🎧 IL_5 • Well, okay Eva, that's all I can say.

🎧 IL_6 • Um, yeah, this is about <u>my favorite park</u>.

2단계 : 딕테이션

문장을 들은 후, 밑줄 친 부분을 적습니다.

• Alright Eva, this is all I can say about _____. Thank you.

• Well, okay Eva, that's all I can say.

• Um, yeah, this is about _____.

3단계 : 문장 끊어 읽기

문장을 들은 후, 청크 단위로 끊어 읽어 봅니다

• Alright Eva, / this is all I can say about / <u>music</u>. / Thank you.

• Well, okay Eva, / that's all I can say.

• Um, yeah, / this is about / <u>my favorite park</u>.

4단계 : 전체 문장 읽기

문장을 들은 후, 3단계를 여러 번 반복한 후, 전체 문장을 한숨에 읽어 봅니다.

• Alright Eva, this is all I can say about <u>music</u>. Thank you.

• Well, okay Eva, that's all I can say.

• Um, yeah, this is about <u>my favorite park</u>.

5단계 : 반복 학습

위 단계를 반복하여, 영어의 어순으로 된 한글 해석을 보며, 쉐도잉 연습을 합니다.

• 알겠어 에바,　　　<u>음악</u>에 대해서 이정도면 될 것 같아. 고마워.

• 음, 오케이 에바,　　이 정도면 충분한 것 같아.

• 음, 그래~　　　　이게 <u>내가 좋아하는 공원</u>이야.

암기문장 쉐도잉

묘사의 본론(장소 묘사 문장)의 쉐도잉 연습을 하세요.

🎧 MP3 IL_7~11

1단계 : 사전학습

문장을 들은 후, 주어진 암기문장을 억양, 강세를 고려하여 큰소리로 읽습니다.

🎧 IL_7 • **First of all,** it is so <u>peaceful</u> and so <u>beautiful</u>.
🎧 IL_8 • **Moreover,** you can find <u>a huge running track</u>.
🎧 IL_9 • **As you can imagine,** on the first floor, there are lots of <u>rooms</u>.
🎧 IL_10 • **In addition,** on the second floor, there are lots of <u>ATMs</u>.
🎧 IL_11 • **Lastly,** on the top floor, you can find <u>a beautiful garden</u> and <u>a coffee shop</u>.

2단계 : 딕테이션

문장을 들은 후, 밑줄 친 부분을 적습니다.

• **First of all,** it is so _____ and so _____.
• **Moreover,** you can find _____.
• **As you can imagine,** on the first floor, there are lots of _____.
• **In addition,** on the second floor, there are lots of _____.
• **Lastly,** on the top floor, you can find _____ and _____.

3단계 : 문장 끊어 읽기

문장을 들은 후, 청크 단위로 끊어 읽어 봅니다

• **First of all,** / it is so <u>peaceful</u> and / so <u>beautiful</u>.
• **Moreover,** / you can find / <u>a huge running track</u>.
• **As you can imagine,** / on the first floor, / there are lots of / <u>rooms</u>.
• **In addition,** / on the second floor, / there are lots of / <u>ATMs</u>.
• **Lastly,** / on the top floor, / you can find / <u>a beautiful garden</u> and / <u>a coffee shop</u>.

암기문장 쉐도잉

묘사의 본론(장소 묘사 문장)의 쉐도잉 연습을 하세요.

MP3 IL_7~11

4단계 : 전체 문장 읽기

문장을 들은 후, 3단계를 여러 번 반복한 후, 전체 문장을 한숨에 읽어 봅니다.

• First of all, it is so **peaceful** and so **beautiful**.
• Moreover, you can find **a huge running track**.
• As you can imagine, on the first floor, there are lots of **rooms**.
• In addition, on the second floor, there are lots of **ATMs**.
• Lastly, on the top floor, you can find **a beautiful garden** and **a coffee shop**.

5단계 : 반복 학습

위 단계를 반복하여, 영어의 어순으로 된 한글 해석을 보며, 쉐도잉 연습을 합니다.

• 사실,	<u>그곳은</u> 너무 **평화로워**	그리고 **아름다워**.
• 게다가,	넌 볼 수 있어	**아주 큰 조깅 트랙**을.
• 네가 상상하듯,	1층에는,	많은 **방들**이 있어.
• 추가로,	2층에는,	많은 **ATM기계들**이 있어.
• 마지막으로,	마지막 층에는,	넌 볼 수 있어 **예쁜 정원**과 **커피숍**이 있어.

암기문장 쉐도잉

묘사의 본론(일반적 묘사 문장)의 쉐도잉 연습을 하세요.

1단계 : 사전학습

문장을 들은 후, 주어진 암기문장을 억양, 강세를 고려하여 큰소리로 읽습니다.

🎧 IL_12 • Frankly speaking, I like all kinds of **music** such as **ballad**, **hip-hop** and so on.

🎧 IL_13 • Also, I like **K-pop** because **they** are getting so popular.

🎧 IL_14 • To be honest, it is **always** packed with lots of people.

🎧 IL_15 • Plus, I like **traveling** because I can release stress.

🎧 IL_16 • Actually, I like **my friend** because he is **an outgoing person**.

2단계 : 딕테이션

문장을 들은 후, 밑줄 친 부분을 적습니다.

• Frankly speaking, I like all kinds of _____ such as _____ , _____ and so on.

• Also, I like _____ because _____ are getting so popular.

• To be honest, it is _____ packed with lots of people.

• Plus, I like _____ because I can release stress.

• Actually, I like _____ because he is _____ .

3단계 : 문장 끊어 읽기

문장을 들은 후, 청크 단위로 끊어 읽어 봅니다

• Frankly speaking, **/** I like all kinds of **music** such as **/** **ballad**, **hip-hop** and **/** so on.

• Also, **/** I like **K-pop** because **/** **they** are getting **/** so popular.

• To be honest, **/** it is **always** packed **/** with lots of people.

• Plus, **/** I like **traveling** because **/** I can release stress.

• Actually, **/** I like **my friend** because **/** he is **an outgoing person**.

암기문장 쉐도잉

묘사의 본론(일반적 묘사 문장)의 쉐도잉 연습을 하세요.

🎧 MP3 IL_12~16

4단계 : 전체 문장 읽기

문장을 들은 후, 3단계를 여러 번 반복한 후, 전체 문장을 한숨에 읽어 봅니다.

- **Frankly speaking,** I like all kinds of **music** such as **ballad**, **hip-hop** and so on.
- **Also,** I like **K-pop** because **they** are getting so popular.
- **To be honest,** it is **always** packed with lots of people.
- **Plus,** I like **traveling** because I can release stress.
- **Actually,** I like **my friend** because he is **an outgoing person**.

5단계 : 반복 학습

위 단계를 반복하여, 영어의 어순으로 된 한글 해석을 보며, 쉐도잉 연습을 합니다.

• 솔직히 말해서,	난 좋아해 모든 종류의 **음악**을	예를 들면, **발라드**, **힙합** 그리고 여러가지.
• 또한,	난 좋아해 **케이팝**을	왜냐하면 **그들**은 유명해지고 있어.
• 솔직히 말해서,	**항상** 꽉 차 있어	많은 사람들로.
• 뿐만 아니라,	난 좋아해 **여행**을	왜냐하면 난 스트레스를 풀 수 있거든.
• 사실상,	난 좋아해 **내 친구**를	왜냐하면 그는 **사교적**이거든.

4강 유형 01 (묘사)

리스닝 훈련

묘사 질문 리스트

장소 묘사 (개방공간/독립공간)

일반적 묘사

묘사 질문 리스트

진짜녀석들 OPIc 의 3가지 묘사(장소, 일반적 묘사) 질문들의 MP3를 듣고 키워드 캐치를 훈련하세요.

장소 묘사

장소1 - 개방

You indicated in the survey that you go to **parks with adults.** Describe one of your favorite parks. Tell me where it is and what it looks like. Describe the park for me.

What do you do at the park? Do you inline skate in the park? Do you play baseball in the park? What do you do in the park?

장소2 - 독립

I would like to talk about **where you live.** Can you describe your house to me? Give me a good description of your house.

What is your **home address?**

장소3 - 독립

Tell me about **a pub or a bar** you've visited in another city or in a part of your city. What does it look like?

How do people get to bars in your town? Perhaps they drive. How else can they get to the bars?

일반적 묘사

일반4 - 사물

Tell me about **the food in your country.** What are some typical dishes?

What **foods** do you see **in a grocery store?** Apples? Cereals? What other things?

일반5 - 사물

Tell me about **what you do when use your phone.** Do you usually talk to people? Do you send text messages or take pictures? What else do you do? Tell me all the details about how you usually use your phone.

Who do you talk to on the phone? Mother? Cousin? Name all the people you talk to on the phone.

일반6 - 사물

Tell me about **the money in your country.** What do the bills and coins look like in your country?

What things are there inside the bank? Desks, money, what other things?

일반7 - 인물

Describe **a family or a friend** you have. What is he or she like? What is special about that person? Give me all the details about that person.

Please tell me about **your family.** Do you have a brother or a sister?

일반8 - 상황

Please tell me about **the weather at where you live.** What is the weather like in each season? Which season do you like the most?

How is the weather today at where you are? Is it cold, is it warm? Talk about today's weather in detail.

장소묘사 – 개방공간, 독립공간

진짜녀석들 OPIc 의 3가지 묘사(장소, 일반적 묘사) 질문들의 MP3를 듣고 키워드 캐치를 훈련하세요.

🎧 MP3 IL_Q_1

서베이 / 공원
개방공간

묘사 – 자주 가는 공원 묘사

You indicated in the survey that you go to parks with adults. Describe one of your favorite parks.
Tell me where it is and what it looks like. Describe the park for me.

/ KEYWORD

🎧 MP3 IL_Q_2

세부묘사 – 공원에서의 활동 설명

What do you do at the park? Do you inline skate in the park?
Do you play baseball in the park? What do you do in the park?

/ KEYWORD

🎧 MP3 IL_Q_3

서베이 / 거주지
독립공간

묘사 – 거주지 묘사

I would like to talk about where you live.   Can you describe your house to me?
Give me a good description of your house.

/ KEYWORD

🎧 MP3 IL_Q_4

세부묘사 – 집주소 설명

What is your home address?

/ KEYWORD

장소묘사 – 개방공간, 독립공간

진짜녀석들 OPIc 의 3가지 묘사(장소, 일반적 묘사) 질문들의 MP3를 듣고 키워드 캐치를 훈련하세요.

서베이 / 술집,바
독립공간

🎧 MP3 IL_Q_5

묘사 – 자주 가는 바 묘사

Tell me about a pub or a bar you've visited in another city or in a part of your city.
What does it look like?

/ KEYWORD

🎧 MP3 IL_Q_6

세부묘사 – 바를 방문하는 방법 설명

How do people get to bars in your town? Perhaps they drive.
How else can they get to the bars?

/ KEYWORD

일반적 묘사

진짜녀석들 OPIc 의 3가지 묘사(장소, 일반적 묘사) 질문들의 MP3를 듣고 키워드 캐치를 훈련하세요.

MP3 IL_Q_7

돌발 / 음식
일반

묘사 – 우리나라 음식 묘사

Tell me about the food in your country.
What are some typical dishes?

/ KEYWORD

MP3 IL_Q_8

세부묘사 – 식료품점에서 보는 음식 설명

What foods do you see in a grocery store? Apples? Cereals?
What other things?

/ KEYWORD

MP3 IL_Q_9

돌발 / 전화기
일반

묘사 – 전화기 사용법 묘사

Tell me about what you do when you use your phone. Do you usually talk to people? Do you send text messages
or pictures with your phone? What else do you do? Tell me all the details about how you usually use your phone.

/ KEYWORD

MP3 IL_Q_10

세부묘사 – 주로 통화하는 사람 설명

Who do you talk to on the phone? Mother? Cousin?
Name all the people you talk to on the phone.

/ KEYWORD

일반적 묘사

진짜녀석들 OPIc 의 3가지 묘사(장소, 일반적 묘사) 질문들의 MP3를 듣고 키워드 캐치를 훈련하세요.

MP3 IL_Q_11

돌발 / 화폐
일반

묘사 – 우리나라 화폐 묘사

Tell me about the money in your country.
What do the bills and coins look like in your country?

/ KEYWORD

MP3 IL_Q_12

세부묘사 – 은행에서 볼 수 있는 것들 설명

What things are there inside the bank?
Desks, money, what other things?

/ KEYWORD

MP3 IL_Q_13

돌발 / 가족,친구
일반

묘사 – 가족/친구 묘사

Describe a family or a friend you have. What is he or she like?
What is special about that person? Give me all the details about that person.

/ KEYWORD

MP3 IL_Q_14

세부묘사 – 가족 구성원 설명

Please tell me about your family.
Do you have a brother or a sister?

/ KEYWORD

일반적 묘사

진짜녀석들 OPIc 의 3가지 묘사(장소, 일반적 묘사) 질문들의 MP3를 듣고 키워드 캐치를 훈련하세요.

MP3 IL_Q_15

돌발 / 날씨
일반

묘사 – 날씨 묘사

Please tell me about the weather at where you live. What is the weather like in each season?
Which season do you like the most?

/ KEYWORD

MP3 IL_Q_16

세부묘사 – 본인이 있는 곳의 현재 날씨 설명

How is the weather today at where you are? Is it cold, is it warm?
Talk about today's weather in detail.

/ KEYWORD

5강

유형 01 (묘사)

스크립트 훈련1

장소(개방) 1.1 자주 가는 공원 **묘사**

Q1

You indicated in the survey that you go to **parks with adults.** Describe one of your favorite parks. Tell me where it is and what it looks like. Describe the park for me.

당신은 **성인들과 공원 가는 것**을 좋아한다고 했습니다. 좋아하는 공원에 대해 묘사해 주세요. 어디에 있으며, 어떻게 생겼는지 저에게 묘사해 주세요.

🎧 MP3 IL_A_1

서론
시작문장/10%

본론
단락별 핵심문장/80%

결론
마무리문장/10%

- Okay Eva, *the park?* Sure, I'm gonna <u>tell</u> you about the <u>park</u>.

- **First of all,** the park is <u>so</u> peaceful and so <u>beautiful</u>.
  - You know, the <u>name</u> of the park is <u>Lake</u> park.
  - So, I go to the park <u>every</u> day.

- **Moreover,** you can find a <u>huge</u> running track.
  - <u>Also</u>, you can find a <u>basketball</u> court and a <u>baseball</u> field.

- **Lastly,** you can find <u>many</u> flowers and trees.
  - So, I can <u>release</u> stress.

- Well, <u>okay</u> Eva, that's <u>all</u> I can say about the *park.*

- 오케이 에바, **공원?** 알겠어, 공원에 대해서 말해 줄게.

- 첫 번째로, 공원은 엄청 평화롭고 아름다워.
  - 있잖아, 공원의 이름은 호수 공원이야.
  - 그래서 난 매일 공원에 가.

- 게다가, 공원에는 큰 러닝트랙이 있어.
  - 또한, 농구장과 야구 필드도 있어.

- 마지막으로, 많은 꽃과 나무들이 있어.
  - 그래서 난 스트레스를 풀 수 있어.

- 음, 오케이 에바, 이게 **공원**에 대해 내가 말할 수 있는 전부인 듯해.

어휘 및 표현

first of all 첫 번째로   **you know** 있잖아   **moreover** 게다가   **also** 또한   **basketball court** 농구장   **baseball field** 야구 필드
many flowers and trees 많은 꽃들과 나무들

장소(개방) 1.2 공원에서의 활동 **설명**

Q2

What do you do at the park? Do you inline skate in the park? Do you play baseball in the park? What do you do in the park?

당신은 **공원에서 무엇을 하나요?** 인라인 스케이트를 타나요? 야구를 하나요? 공원에서 무엇을 하나요?

서론
시작문장/10%

• Well, *what I do at the park?* You know, I got a <u>lot</u> to tell you Eva.

본론
단락별 핵심문장/80%

• As you can <u>imagine,</u> you can find a <u>running</u> track.
  - So I <u>run</u>.
  - You know, I like <u>running</u> because I can <u>release</u> stress.

• <u>Secondly,</u> I listen to <u>music</u> in the park.
  - <u>Frankly</u> speaking, I like <u>all</u> kinds of music such as <u>Jazz</u>, classic and <u>so</u> on.
  - <u>Yeah</u>, so I listen to <u>music</u> there.

• <u>Lastly,</u> I <u>sleep</u> there.
  - Because the park is <u>very</u> quiet and so <u>peaceful</u>.

결론
마무리문장/10%

• <u>Alright</u> Eva, this is all I can say.

- -

• **음, 내가 공원에서 뭘 하냐고?** 있잖아, 난 할 말이 많아.

• 네가 상상하듯, 그곳엔 러닝트랙이 있어.
  - 그래서 난 뛰어.
  - 있잖아, 난 뛰는 걸 좋아해, 왜냐하면 스트레스를 풀 수 있거든.

• 두 번째로, 난 공원에서 음악을 들어.
  - 솔직히 말해서, 난 모든 종류의 음악을 좋아해, 예를 들면, 재즈나 클래식 음악을 좋아해.
  - 그래~ 그래서 난 그곳에서 음악을 들어.

• 마지막으로, 난 그곳에서 잠을 자.
  - 왜냐하면 공원은 엄청 조용하고 평화롭거든.

• 그래 에바야, 이 정도면 될 듯해.

어휘 및 표현
what I do at the park? 내가 공원에서 뭘 하냐고?   **as you can imagine** 네가 상상하듯   **I like running** 난 뛰는 걸 좋아해   **yeah~** 그래~
I listen to music there 난 그 곳에서 음악을 들어   **I sleep there** 난 그 곳에서 잠을 자   **the park is very quiet** 공원은 엄청 조용해

장소(독립) 2.1 거주지 묘사

Q3

MP3 IL_Q_3

I would like to talk about **where you live.** Can you describe your house to me? Give me a good description of your house.

당신이 **어디에 사는지** 묻고 싶습니다. 당신의 집에 대해 묘사 해주겠어요? 어떻게 생겼나요? 당신의 집에 대해 상세히 묘사해 주세요.

MP3 IL_A_3

서론
시작문장/10%

- **Oh yeah,** *my* *house?* You know, I love my house.

본론
단락별 핵심문장/80%

- **As you can imagine,** on the first floor, there are lots of rooms.
  - You know, there are 3 bedrooms.

- In **addition,** on the second floor, there is a huge living room.
  - So I like listening to music in the living room.

- **Lastly,** in my house, on the top floor, there is a garden.
  - You know, I take a rest and have coffee.
  - Because the garden is very peaceful and beautiful.

결론
마무리문장/10%

- **Um, yeah,** this is about *my* *house.*

- -

- 오 예, **우리 집?** 있잖아, 난 우리 집 너무 좋아해.

- 네가 상상하듯, 1층에는 많은 방들이 있어.
  - 있잖아, 1층엔 방이 3개가 있어.

- 추가로, 2층에는, 엄청 큰 거실이 있어.
  - 그래서 난 거실에서 음악 듣는 것을 좋아해.

- 마지막으로, 우리 집 꼭대기 층에는, 정원이 있어.
  - 있잖아, 난 그곳에서 쉬기도 하고 커피도 마셔.
  - 왜냐하면 정원은 엄청 평화롭고 아름답거든.

- 음, 그래~ 이게 **우리 집**이야.

어휘 및 표현
I love my house 난 우리 집을 좋아해   **there are 3 bedrooms** 방이 3개가 있어   **a huge living room** 큰 거실
I like listening to music 난 음악 듣는 것을 좋아해   **in my house** 우리 집에는   **I take a rest** 난 쉬어   **have coffee** 커피를 마셔

장소(독립) 2.2 집주소 **설명**

Q4 ──────────────────────────────── 🎧 MP3 IL_Q_4

What is your **home address?**

당신의 **집 주소**는 어떻게 되나요?

──────────────────────────────── 🎧 MP3 IL_A_4

서론
시작문장/10%

- **Okay** Eva, *my home address?* Sure, I'm gonna <u>tell</u> you about it.

본론
단락별 핵심문장/80%

- **First of all,** I live in an <u>apartment</u> in Seoul.
  - You know, it is <u>so</u> peaceful and so <u>beautiful</u>.

- **Also,** the name of the <u>apartment</u> is <u>ABC</u> apartment.
  - In <u>addition</u>, I live on the <u>second</u> floor.

- **Lastly,** our <u>room</u> number is 201.
  - <u>Also</u>, you can find a <u>beautiful</u> garden near my <u>apartment</u>.

결론
마무리문장/10%

- **Well,** <u>okay</u> Eva, this is *my <u>home</u> address.*

- -

- 오케이 에바, **우리 집 주소?** 알겠어, 우리 집 주소에 대해서 말해 줄게.

- 첫 번째로, 난 서울에 있는 아파트에 살아.
  - 있잖아, 그곳은 너무 평화롭고 아름다워.

- 또한, 아파트 이름은 ABC 아파트야.
  - 추가로, 난 2층에 살아.

- 마지막으로, 아파트 호수는 201호야.
  - 게다가, 우리 아파트 주변에는 예쁜 정원이 있어.

- 음, 오케이 에바, 이게 **우리 집 주소**야.

어휘 및 표현
my home address 우리 집 주소   **I live in an apartment** 난 아파트에 살아   **in Seoul** 서울에
the name of the apartment is~ 우리 집 아파트 이름은 ~이야   **our room number** 우리 집 호수   **near my apartment** 아파트 주변

장소(독립) 3.1 자주 가는 바 **묘사**

Q5 ⟶ 🎧 MP3 IL_Q_5

Tell me about **a pub or a bar** you've visited in another city or in a part of your city. What does it look like?

당신이 갔던 다른 도시 혹은 거주하는 곳의 **바**에 대해 말해주세요. 어떻게 생겼나요?

🎧 MP3 IL_A_5

서론
시작문장/10%

- Well, *a bar?* Sure, I'm gonna tell you about my <u>favorite</u> bar.

본론
단락별 핵심문장/80%

- **First of all,** the name of the bar is <u>ABC</u> bar.
  - <u>Also</u>, you can find a <u>huge</u> table in the <u>bar</u>.

- **As you can <u>imagine</u>,** on the <u>first</u> floor, there are <u>lots</u> of people.
  - I like <u>all</u> kinds of drinks such as <u>whiskey</u>, beer and so on.

- <u>**Lastly,**</u> on the <u>top</u> floor, there is a <u>beautiful</u> terrace.
  - You know, it is <u>so</u> quiet and <u>peaceful</u>.

결론
마무리문장/10%

- <u>**Alright Eva,**</u> this is <u>all</u> I can say about ***my favorite bar.***

- -

- 음, 바? 알겠어, **내가 좋아하는 바**에 대해 말해 줄게.

- 첫 번째로, 바의 이름은 ABC 바야.
  - 또한 바에는 굉장히 큰 테이블이 있어.

- 네가 상상하듯, 1층에는 많은 사람들이 있어.
  - 난 모든 종류의 술을 좋아해, 예를 들면, 위스키, 맥주 같은 술들을 말이야.

- 마지막으로, 꼭대기 층에는, 예쁜 테라스가 있어.
  - 있잖아, 거긴 너무 조용하고 평화로워.

- 알겠어 에바, 이게 **내가 좋아하는 바**에 대한 설명이야.

어휘 및 표현

my favorite bar 내가 좋아하는 바　**the name of the bar** 바의 이름　**in the bar** 바 안에　**all kinds of drinks** 모든 종류의 술

장소(독립) 3.2 바를 방문하는 방법 **설명**

Q6

How do people get to bars in your town? Perhaps they drive. How else can they get to the bars?

당신 도시에 있는 **바를 어떻게 방문**하나요? 아마 사람들은 운전을 해서 갈 것입니다. 바에 방문하는 다른 방법은 어떤 것들이 있나요?

서론
시작문장/10%

- Oh <u>yeah</u>, *how to get to the bar?* Sure.

본론
단락별 핵심문장/80%

- <u>First</u> of all, they take <u>cabs</u>.
  - <u>Because</u> it is <u>convenient</u> for people.

- In <u>addition</u>, they take a <u>walk</u>.
  - Because they can <u>release</u> stress.

결론
마무리문장/10%

- Well, <u>yeah</u>, this is about *it.*

- 오 예, **바에 어떻게 가냐고?** 알겠어.

- 첫 번째로, 그들은 택시를 타.
  - 왜냐하면 사람들에게 편리하거든.

- 추가로, 그들은 걷기도 해.
  - 왜냐하면 그들은 걸으면서 스트레스를 풀 수 있거든.

- 음, 그래, **이게 다야.**

어휘 및 표현
how to get to the bar 바에 가는 방법   they take cabs 그들은 택시를 탄다   it is convenient 편리하다   they take a walk 그들은 걷는다

일반(사물) 4.1 우리나라 음식 **묘사**

Q7

🎧 MP3 IL_Q_7

Tell me about **the food in your country.** What are some typical dishes?

당신 나라 음식에 대해 말해주세요. 전통 음식은 무엇이 있나요?

🎧 MP3 IL_A_7

• <u>Okay</u> Eva, *<u>Korean food?</u>* Sure, I'm gonna tell you about <u>Korean</u> food.

• **As you can <u>imagine,</u>** *Kimchi* is getting <u>so</u> popular.
 - You know, <u>lots</u> of foreigners like eating *<u>Kimchi.</u>*

• In <u>addition,</u> Bulgogi and Japchae are getting <u>so</u> popular too.
 - To <u>be</u> honest, <u>foreigners</u> like <u>all</u> kinds of Korean food.

• **Um, <u>yeah,</u>** this is about ***Korean* food.**

• 오케이 에바, **한국 음식?** 알겠어, 한식에 대해서 말해 줄게.

• 네가 상상하듯, 김치는 상당히 유명해.
 - 있잖아, 많은 외국인들이 김치 먹는 것을 좋아해.

• 추가로, 불고기와 잡채도 유명해지고 있어.
 - 솔직히 말해서, 외국인들은 모든 종류의 한식을 좋아해.

• 음, 그래~ 이게 **한국 음식**에 관한 얘기야.

어휘 및 표현
Korean food 한국 음식   **lots of foreigners** 많은 외국인들   **lots of foreigners like eating Kimchi** 많은 외국인들이 김치 먹는 것을 좋아해

일반(사물) 4.2 식료품점에서 보는 음식 **설명**

Q8 ──────────────────────── 🎧 MP3 IL_Q_8

What **foods** do you see **in a grocery store?** Apples? Cereals? What other things?

식료품점에서 보는 음식은 어떤 것들이 있나요? 사과? 시리얼? 또 어떤 음식들이 있나요?

──────────────────────── 🎧 MP3 IL_A_8

서론
시작문장/10%

본론
단락별 핵심문장/80%

결론
마무리문장/10%

- Well, _food in the grocery store?_ Sure, I'm gonna tell you about it.

- As you can <u>imagine</u>, there are <u>lots</u> of fruits and <u>vegetables</u>.
  - You know, you can find <u>lots</u> of fruits such as <u>apples</u>, melons and <u>pineapples</u>.

- In <u>addition</u>, there are <u>lots</u> of snacks.
  - <u>Frankly</u> speaking, Koreans like <u>all</u> kinds of <u>snacks</u>.

- <u>Lastly</u>, you can find <u>dairy</u> products such as <u>milk</u>, yogurt, <u>ice</u> cream and so on.
  - You know, I buy <u>milk</u> everyday.

- <u>Alright Eva</u>, this is <u>all</u> I can say about **the _food_ in the _grocery_ store.**

- -

- 음, **식료품점의 음식들?** 그래, 내가 얘기해 줄게.

- 네가 상상하듯, 식료품점에는 많은 과일과 야채들이 있어.
  - 있잖아, 사과, 멜론 그리고 파인애플 같은 과일들을 찾을 수 있어.

- 추가로, 그곳엔 많은 과자들이 있어.
  - 솔직히 말해서 한국 사람들은 모든 종류의 과자를 좋아해.

- 마지막으로, 유제품을 볼 수 있는데, 우유, 요거트, 아이스크림 등이 있어.
  - 있잖아, 난 우유를 매일 사.

- 알겠어 에바, 이게 **식료품점에 있는 음식들**이 관한 얘기야.

어휘 및 표현
food in the grocery store 식료품점의 음식들　　**fruits and vegetables** 과일과 야채들　　**lots of snacks** 많은 과자들
Koreans like all kinds of snacks 한국 사람들은 모든 종류의 과자를 좋아해　　**dairy product** 유제품　　**I buy milk everyday** 난 매일 우유를 사

일반(사물) 5.1 전화기 사용법 **묘사**

Q9

🎧 MP3 IL_Q_9

Tell me about **what you do when you use your phone.** Do you usually talk to people? Do you send text messages or take pictures? What else do you do? Tell me all the details about how you usually use your phone.

당신이 **핸드폰을 사용할 때 무엇을 하는지** 말해주세요. 종종 사람들과 통화를 하나요? 문자를 보내거나 사진을 찍나요? 또 어떤 것들을 하나요? 핸드폰을 사용할 때 주로 하는 것들에 대해 말해주세요.

🎧 MP3 IL_A_9

서론
시작문장/10%

• Oh yeah, *my phone?* You know, I got a lot to tell you Eva.

본론
단락별 핵심문장/80%

• First of all, I usually call my friend Jean.
  - Actually, Jean is an outgoing and talkative person.

• Secondly, I listen to music with my phone.
  - Frankly speaking, I like all kinds of music such as ballad, hip-hop and so on.

• Lastly, I play soccer games with my phone.
  - You know, soccer games are getting so popular.

결론
마무리문장/10%

• Well, yeah, this is all I can say about *it.*

• 오 예, **내 전화기?** 있잖아, 내가 해줄 말이 많아 에바야.

• 첫 번째로, 난 주로 내 친구 Jean과 통화를 해.
  - 사실, Jean은 굉장히 활발하고 말이 많은 친구야.

• 두 번째로, 난 내 전화기를 사용해서 음악을 들어.
  - 솔직히 말해서, 난 발라드, 힙합 등 모든 종류의 음악을 좋아해.

• 마지막으로, 난 전화기를 사용해서 축구 게임을 해.
  - 있잖아, 축구 게임은 갈수록 유명해지고 있어.

• 음, 그래, 이게 전부인 듯해.

어휘 및 표현
I usually call my friend 난 주로 내 친구에게 전화를 해   **outgoing and talkative** 활발하고 말이 많은
I listen to music with my phone 난 전화기를 사용해서 음악을 들어   **I play soccer games with my phone** 난 전화기를 사용해서 축구 게임을 해

일반(사물) 5.2 주로 통화하는 사람 **설명**

Q10 ──────────────────────────── 🎧 MP3 IL_Q_10

Who do you talk to on the phone? Mother? Cousin? Name all the people you talk to on the phone.

통화는 누구와 하나요? 엄마? 친척? 통화하는 사람들을 모두 나열해보세요.

──────────────────────────── 🎧 MP3 IL_A_10

• Okay Eva, *who do I talk to?* Sure, I'm gonna tell you about it.

• First of all, I talk to my brother on the phone.
  - You know, we talk about computer games.
  - Frankly speaking, we like all kinds of computer games such as soccer games and so on.

• In addition, I talk to my sister on the phone.
  - You know, we talk about K-pop.
  - Because K-pop is getting so popular.

• Well, okay Eva, that's all I can say.

- -

• 오케이 에바, **누구와 통화하냐고?** 물론이지, 내가 말해 줄게.

• 첫 번째로, 난 내 남동생과 전화 통화를 해.
  - 있잖아, 우린 컴퓨터 게임에 대해 통화를 해.
  - 솔직히 말해서, 우린 모든 종류의 컴퓨터 게임을 좋아하거든, 축구 게임 등의 컴퓨터 게임들 말이야.

• 추가로, 난 여동생과 전화 통화를 해.
  - 있잖아, 우린 케이팝에 대해 통화를 해.
  - 왜냐하면 케이팝은 엄청 유명해지고 있거든

• 음, 오케이 에바, 이 정도면 충분한 것 같아.

어휘 및 표현
I talk to my brother on the phone 난 남동생/형과 통화를 해   **we talk about computer games** 우린 컴퓨터 게임에 대해 통화를 해
we like all kinds of computer games 우린 모든 종류의 컴퓨터 게임을 좋아해   **I talk to my sister on the phone** 난 여동생/누나와 통화를 해
we talk about K-pop 우린 케이팝에 대해 통화해

6강

유형 01 (묘사)

스크립트 훈련2

일반(사물) 6.1 우리나라 화폐 **묘사**

Q11 ────────────────────────────── 🎧 MP3 IL_Q_11

Tell me about **the money in your country.** What do the bills and coins look like in your country?

당신 나라 화폐에 대해 말해주세요. 지폐와 동전은 어떻게 생겼나요?

────────────────────────────── 🎧 MP3 IL_A_11

서론
시작문장/10%
- <u>Well</u>, *money in my country?* You know, I got a <u>lot</u> to tell you Eva:

본론
단락별 핵심문장/80%
- **First of all,** there are <u>lots</u> of bills in Korea.
  - You know, we have <u>10</u>-dollar bill, <u>20</u>-dollar bill and <u>50</u>-dollar bill.

- <u>**Secondly,**</u> there are lots of <u>coins</u> in Korea.
  - As you can <u>imagine</u>, we have <u>5</u>-cent coins, <u>10</u>-cent coins and <u>20</u> cent coins.

결론
마무리문장/10%
- Um, <u>yeah,</u> this is <u>all</u> I can say about *the <u>money</u> in my country.*

- 오케이 에바, **우리나라 화폐?** 물론이지, 있잖아, 내가 해줄 말이 많아 에바야.

- 첫 번째로, 우리나라에는 많은 지폐가 있어.
  - 있잖아, 우린 10불, 20불 그리고 50불 지폐가 있어.

- 두 번째로, 우리나라에는 동전들도 많아.
  - 네가 상상하듯, 우린 5센트, 10센트 그리고 20센트 동전들이 있어.

- 음, 그래~ 이게 **우리나라 화폐**에 대한 얘기야.

어휘 및 표현
money in my country 우리나라 화폐   there are lots of bills in Korea 한국에는 지폐들이 많아
there are lots of coins in Korea 한국에는 동전들이 많아

일반(사물) 6.2 은행에서 볼 수 있는 것들 **설명**

Q12 ──────────────── 🎧 MP3 IL_Q_12

What things are there inside the bank? Desks, money, what other things?

은행 안에서 볼 수 있는 것들은 무엇인가요? 책상? 돈? 어떤 것들이 있나요?

──────────────────────────── 🎧 MP3 IL_A_12

서론
시작문장/10%

본론
단락별 핵심문장/80%

• Oh <u>yeah</u>, *inside the <u>bank</u>?* Sure, I'm gonna tell you about it.

• <u>First of all,</u> you can find <u>lots</u> of bills and <u>coins</u> in the bank.

• **As you can <u>imagine,</u>** on the <u>first</u> floor, there are <u>lots</u> of ATMs.
  - To <u>be</u> honest, the bank is <u>always</u> packed with <u>lots</u> of people.

• In <u>addition,</u> on the <u>top</u> floor, you can find a <u>beautiful</u> coffee shop.
  - You know, the coffee shop is <u>so</u> quiet.

결론
마무리문장/10%

• <u>Alright</u> Eva, this is all I can say about *the <u>banks</u> in Korea.*

- -

• 오 예, **은행 안?** 물론이지, 내가 얘기해 줄게.

• 첫 번째로, 은행에서는 많은 지폐들과 동전들을 볼 수 있어.

• 네가 상상하듯, 1층에는 많은 ATM 기기들이 있어.
  - 솔직히 말해서, 은행은 항상 많은 사람들로 붐벼.

• 추가로, 꼭대기 층에는, 예쁜 커피숍이 있어.
  - 있잖아, 커피숍은 너무 조용해.

• 알겠어 에바, 이게 **우리나라 은행**에 관한 얘기야.

어휘 및 표현
inside the bank 은행 안   **lots of bills and coins** 많은 지폐와 동전들   **the coffee shop is so quiet** 커피숍은 정말 조용해

일반(인물) 7.1 가족/친구 <u>묘사</u>

Q13

Describe **a family or a friend** you have. What is he or she like? What is special about that person? Give me all the details about that person.

가족이나 친구를 묘사해 주세요. 그/그녀는 어떻게 생겼나요? 그 사람의 특별한 점이 무엇인가요? 그 사람에 대해 상세히 말해주세요.

서론
시작문장/10%

- <u>Okay</u> Eva, *my <u>friend</u>?* <u>Sure</u>, I'm gonna tell you about my friend <u>Kevin</u>.

본론
단락별 핵심문장/80%

- **Actually,** I like my friend because he is an <u>outgoing</u> person.
  - You know, he is <u>very</u> handsome and <u>funny</u>.

- In <u>addition</u>, he likes <u>all</u> kinds of <u>music</u> such as hip-hop, <u>Jazz</u> and <u>so</u> on.
  - So, we <u>usually</u> talk about music.

- <u>Lastly</u>, we work out together.
  - You know, we go to the <u>park</u> and <u>run</u>.
  - Because you can find a <u>huge</u> running track in the park.

결론
마무리문장/10%

- Well, <u>okay</u> Eva, that's all I can say *about my <u>friend</u>.*

- -

- 오케이 에바, **내 친구?** 물론이지, 내 친구 Kevin에 대해 말해 줄게.

- 사실, 난 내 친구를 좋아해, 왜냐하면 그는 굉장히 활발한 친구이거든.
  - 있잖아, 그는 굉장히 잘 생겼고 재밌어.

- 추가로, 그는 힙합, 재즈 등 모든 종류의 음악을 좋아해.
  - 그래서 우린 주로 음악을 함께 들어.

- 마지막으로, 우린 함께 운동을 해.
  - 있잖아, 우린 공원에 가서 뛰어.
  - 왜냐하면 공원에는 넓은 러닝트랙이 있거든.

- 음, 오케이 에바, 이게 **내 친구**에 관한 얘기야.

어휘 및 표현
he is very handsome and funny 그는 굉장히 잘 생겼고 재밌어　**we usually talk about music** 우린 주로 음악에 관해 이야기를 해
we work out together 우린 함께 운동을 해　**we go to the park and run** 우린 공원에 가서 뛰어

일반(인물) 7.2 가족 구성원 **설명**

Q14 ──────────────── 🎧 MP3 IL_Q_14

Please tell me about **your family.** Do you have a brother or a sister?

가족 구성원에 대해 말해주세요. 당신은 형제 혹은 자매가 있나요?

🎧 MP3 IL_A_14

서론
시작문장/10%

• Well, *my family?* Sure, I'm gonna tell you about my <u>brother</u> and my <u>sister</u>.

본론
단락별 핵심문장/80%

• **First of all,** my brother is an <u>outgoing</u> person.
  - Also, he is <u>very</u> kind and <u>honest</u>.

• **Secondly,** my sister likes <u>all</u> kinds of drinks such as <u>whiskey</u>, beer and so on.
  - So, I go to the <u>bar</u> and drink with my <u>sister</u>.
  - Because I can <u>release</u> stress.

결론
마무리문장/10%

• Um, <u>yeah,</u> this is about *my <u>brother</u> and my <u>sister</u>.*

- -

• 음, **우리 가족?** 물론이지, 내 남동생과 여동생에 대해 말해 줄게.

• 첫 번째로, 내 남동생은 굉장히 활발한 사람이야.
  - 또한, 그는 굉장히 착하고 정직해.

• 두 번째로, 내 여동생은 술을 굉장히 좋아해, 위스키, 맥주 등을 말이야.
  - 그래서 난 내 여동생과 바에 가서 술을 마셔.
  - 왜냐하면 스트레스를 풀 수 있거든.

• 음, 예~ 이게 **내 남동생과 여동생**에 대한 얘기야.

어휘 및 표현
he is very kind and honest 그는 굉장히 착하고 정직해   **my sister likes all kinds of drinks** 내 여동생은 모든 종류의 술을 좋아해
I go to the bar and drink with my sister 난 바에 가서 여동생과 술을 마셔

일반(상황) 8.1 날씨 묘사

Q15

MP3 IL_Q_15

Please tell me about **the weather at where you live.** What is the weather like in each season? Which season do you like the most?

당신이 사는 곳의 날씨에 대해 말해주세요. 계절마다의 날씨는 어떤가요? 어떤 계절을 가장 좋아하나요?

MP3 IL_A_15

서론
시작문장/10%

- Oh yeah, *weather and seasons in my country?* You know, I love spring.

본론
단락별 핵심문장/80%

- **First of all,** there are four seasons in Korea.
  - I mean, there are spring, summer, autumn and winter in Korea.

- **As you can imagine,** it is very hot in summer.
  - Frankly speaking, I like spring because the weather is warm.
  - You know, Korea is so beautiful in spring.

- **In addition,** it is very cold in winter.
  - You know, I go skiing in winter.
  - Because I can release stress.

결론
마무리문장/10%

- **Well, okay Eva,** that's all I can say about *the weather and seasons in my country.*

- -

- 오 예, **우리나라 날씨와 계절?** 있잖아, 난 봄을 좋아해.

- 첫 번째로, 한국에는 4계절이 있어.
  - 내 말은, 한국은 봄, 여름, 가을 그리고 겨울이 있어.

- 네가 상상하듯, 여름은 굉장히 더워.
  - 솔직히 말해서, 난 봄이 좋아, 왜냐하면 날씨가 따뜻하거든.
  - 있잖아, 한국은 봄에 너무 아름다워.

- 추가로, 겨울은 너무 추워.
  - 있잖아, 난 겨울에 스키를 타러 가.
  - 왜냐하면 스트레스를 풀 수 있거든.

- 음, 오케이 에바, 이게 **우리나라 날씨와 계절**에 관한 얘기야.

어휘 및 표현

weather and seasons in my country 우리나라 날씨와 계절   I love spring 난 봄을 좋아해   there are four seasons in Korea 한국에는 4계절이 있어
spring, summer, autumn and winter 봄, 여름, 가을 그리고 겨울   it is very hot in summer 여름엔 너무 더워
the weather is warm 날씨가 따뜻해   it is very cold in winter 겨울엔 너무 추워   I go skiing in winter 겨울에 난 스키를 타러 가

일반(상황) 8.2 본인이 있는 곳의 현재 날씨 **설명**

Q16 ────────────────────────── 🎧 MP3 IL_Q_16

How is the weather today at where you are? Is it cold, is it warm? Talk about today's weather in detail.

당신이 있는 곳의 **오늘 날씨**는 어떤가요? 춥나요? 따뜻한가요? 오늘 날씨에 대해 말해주세요.

─────────────────────────── 🎧 MP3 IL_A_16

서론
시작문장/10%

• <u>Okay</u> Eva, *the weather <u>today</u>?* Sure, I'm gonna <u>tell</u> you about it.

본론
단락별 핵심문장/80%

• **As I <u>told</u> you,** it is spring in <u>Korea</u>.
 - So, the weather today is <u>very</u> warm.

• <u>**Also,**</u> the weather is <u>so</u> beautiful.
 - To be <u>honest</u>, the parks are <u>packed</u> with <u>lots</u> of people.
 - Because the weather is so <u>beautiful</u> today.

결론
마무리문장/10%

• **Um,** <u>yeah</u>, this is about *the **weather today.***

- -

• 오케이 에바, **오늘 날씨?** 물론이지, 내가 얘기해 줄게.

• 내가 말했듯, 한국은 지금 봄이야.
 - 그래서 오늘 날씨는 굉장히 따뜻해.

• 또한, 날씨는 너무 아름다워.
 - 솔직히 말해서, 공원들은 많은 사람들로 붐벼.
 - 왜냐하면 오늘 날씨가 너무 아름답거든.

• 음, 예~ 이게 **오늘 날씨**야.

어휘 및 표현
the weather today 오늘 날씨   as I told you 내가 말했듯   it is spring in Korea 한국은 현재 봄이야
the weather today is very warm 오늘 날씨는 굉장히 따뜻해   the weather is so beautiful today 오늘 날씨가 너무 아름다워

7강

유형 02 (롤플레이)

이론

롤플레이의 이해

OPIc 질문들 중 실제 전화통화를 하는 '연기' 를 해야 하는 롤플레이 질문입니다.
난이도에 따라 롤플레이 질문의 개수가 달라집니다.
난이도 2 선택 시, 롤플레이는 정보요청, 단순질문 롤플레이로 나뉩니다.

롤플레이가 나오는 질문 번호를 외우세요!

롤플레이가 나오는 질문 번호를 외우세요!
IL 등급 목표 시, 난이도 2으로 설정하시면, 롤플레이는 총 2문제 출제!

롤플레이의 종류

Background Survey에서 선택한 모든 주제 & 모든 출제 가능한 돌발 주제의 롤플레이를 모두 암기하는 것은 불가능합니다. 2가지 종류의 롤플레이에 필요한 format을 제공합니다.

> 정보 요청 롤플레이 ➡ 주어진 대상에게 질문하는 롤플레이
>
> 단순 질문 롤플레이 ➡ Eva에게 질문하는 롤플레이

 이미 문제 유형을 알기에, 문제를 듣기 전, 해당 롤플레이의 답변 Format 준비!

롤플레이의 답변 Format

롤플레이는 실제 전화통화 같은 자연스러운 '연기' 가 필요한 문제입니다.
진짜녀석들 OPIc은 2가지 롤플레이에 필요한 답변 format을 제공합니다.
또한, 묘사 유형을 통해 암기한 문장들의 사용이 필히 있어야 합니다.
(이미 익숙한 문장의 사용이 보다 더 자연스러운 답변을 만들어줍니다.)

서론 Introduction	인사말/상황설명
답변비중 10%	• 롤플레이 종류에 따라 다른 서론으로 시작! • 실제 전화 통화하는 것 같은 자신감 있는 연기로 시작!

본론 Body	질문/대안
답변비중 80%	• 롤플레이 종류에 따라 다른 본론! • 묘사, 롤플레이의 암기문장 모두 활용! • 질문의 '키워드' 필수 포함

결론 Conclusion	마무리 문장
답변비중 10%	• 실제 전화 통화를 끊는 것 같은 자연스러운 마무리!

롤플레이의 암기문장

정확한 롤플레이의 답변을 위하여 본론에 필요한 암기문장을 제공합니다.

정보 요청 롤플레이 - 10번

🎧 MP3 IL_17~21

인사말	• 안녕, Hi there, 하이데얼,	뭐 좀 물어봐도 돼? can I ask you something? 캐나이 에스큐 썸띵?		
질문	• 첫 번째로, Firstly, 펄스틀리,	어디에 있어? where is it? 웨얼이스잇?		
	• 두 번째로, Secondly, 쎅컨들리,	운영 시간은 어떻게 돼? what are your 왓알유얼	opening hours? 오프닝아월스?	
	• 마지막으로, Lastly, 라스틀리,	얼마를 내야 해? how much do I pay? 하우머치 두아이 페이?		
마무리 문장	• 알겠어 그럼, Alright then, 올롸잇 덴,	많이 고마워. thanks a lot. 땡스얼랏.	곧 보자. See you soon. 씨유쑨.	

단순 질문 롤플레이 - 12번

🎧 MP3 IL_22~26

인사말	• 안녕 에바, Hi Eva, 하이 에바,	나 들었어 네가 I heard that you like 아이헐~뎃츄라익	<u>음악 듣는 걸</u> 좋아한다고, <u>listening to music,</u> 리스닝 투 뮤~직,	맞아? right? 롸잇?
질문	• 첫 번째로, Firstly, 펄스틀리,	넌 왜 좋아 해 why do you like 와이두율라익	<u>음악 듣는 걸?</u> <u>listening to music?</u> 리스닝 투 뮤~직?	
	• 그리고, Secondly, 쎅컨들리,	누구와 주로 who do you usually 후 두유 유쥬얼리	<u>음악을 들어?</u> <u>listen to music</u> with? 리슨 투 뮤~직 위드?	
	• 마지막으로, Lastly, 라슷틀리,	넌 언제 when do you 웬 두유	<u>음악을 들어?</u> <u>listen to music?</u> 리슨 투 뮤~직?	
마무리 문장	• 알겠어 에바, Okay Eva, 오케이 에바,	나중에 보자. see you later. 씨유 레이러.		

롤플레이 답변 준비 – 시험화면

난이도 2 설정 시, 롤플레이가 나오는 번호를 실제 시험화면으로 익숙해져야 합니다.

난이도 2 설정 시, 롤플레이 질문은 총 2문제(10, 12번)가 출제됩니다.

1. 이미 유형을 알고 있기에 'Play' 버튼 클릭 전, 사용할 롤플레이의 종류를 결정합니다.

2. 전화 통화 같은 자연스러운 연기 연습을 간단히 합니다.

3. 'Play' 버튼 클릭 후, 첫 번째 문제에서 롤플레이 질문의 키워드를 집중해서 듣습니다.

4. 'Replay' 버튼 클릭 후, 두 번째 문제는 듣지 않고 답변 Format을 다시 준비합니다.

5. 오른쪽 상단의 'Recording' 버튼 생성 시, '롤플레이 답변 Format' 대로 답변합니다.

 문제를 집중하여 듣고, 필히 실제 연기를 하는 것과 같은 자연스러운 답변!

롤플레이 질문 파악 전략 - 예시

질문 듣기 전, 이미 유형을 알기에 자연스러운 연기 연습에 집중해야 합니다.

정보 요청 예시 질문 - 콘서트

• I'm going to give you a situation and ask you to act it out. You want to **order some concert tickets** on the phone. Call the ticket office and ask some questions in order to buy the tickets.

  ① concert 키워드 캐치 → ② 답변 Format 준비 → ③ 답변

단순 질문 예시 질문 - 음악

• I also love **listening to music.** Ask me three to four questions about what types of music I like to listen to.

  ① listening to music 키워드 캐치 → ② 답변 Format 준비 → ③ 답변

자연스러운 '연기'를 위한 답변 Format 작성을 훈련합니다.

ⓐ 인사말
문제에 따라 다른 상대, 롤플레이 종류에 따라 다른 인사말로 실제 전화통화 같은 답변으로 시작합니다.

ⓑ 질문/대안
제공하는 답변 Format을 사용하며, 묘사에서 훈련한 문장들을 사용하여 질문/대안을 만듭니다.

ⓒ 마무리 문장
실제 전화통화를 하다 끊는 듯한 자연스러운 연기로 마무리를 짓습니다.

• 진짜녀석들 OPIc 묘사 답변 훈련과 같이 모든 단락에 <u>본인 실력 문장</u>을 필히 포함해 주시기 바랍니다.

롤플레이 답변 전략 – 예시(정보요청 롤플레이)

OPIc은 면접과 흡사한 시험으로 서론, 본론, 결론을 명확하게 지키며 답변합니다.

Q

I'm going to give you a situation and ask you to act it out. You want to **order some concert tickets** on the phone. Call the ticket office and ask some questions in order to buy the tickets.

상황을 드릴테니 연기해보세요. 당신은 **전화로 콘서트 티켓을 주문**하고 싶습니다. 티켓 오피스에 전화하여 콘서트 티켓 구매에 대한 질문을 하세요.

예시 답변 - 콘서트 티켓 구매 정보요청

서론
인사말/10%

• **Hi there,** can I ask you something?

본론
질문/80%

• **Firstly,** <u>where</u> is the concert hall?
  - Is it the <u>ABC</u> concert hall?
  - I <u>heard</u> that the ABC concert hall is <u>always</u> packed with <u>lots</u> of people.
  - Is it <u>right</u>?

• **Secondly,** how much is the <u>ticket</u>?
  - Can I get a <u>discount</u>?

• **Lastly,** what <u>time</u> does the <u>concert</u> begin?
  - I <u>heard</u> it starts at <u>7</u>pm. Is it <u>right</u>?

결론
마무리문장/10%

• **Alright then,** <u>thanks</u> a lot. See you soon.

정보 요청 롤플레이 답변의 고득점을 향한 스피킹 방법을 훈련합니다.

ⓐ **서론 – 인사말**
대상이 누구인지를 파악하고 필요하다면 대상에 맞는 키워드를 추가해줍니다.
실제 전화 통화같은 자연스러움이 묻어 있게 연기해야 합니다.

ⓑ **본론 – 질문**
진짜녀석들 OPIc 롤플레이 질문으로 답변을 구성합니다. 다만, 제시 대안으로 대체가 되지 않을 시, 배웠던 묘사에서 암기한 문장들을 사용하여 대안을 구성해줍니다.

ⓒ **결론 – 마무리 문장**
실제 전화 통화를 마무리하는 것과 같은 연기로 자연스럽게 마무리합니다.

• 진짜녀석들 OPIc 묘사 답변 훈련과 같이 모든 단락에 <u>본인 실력 문장</u>을 필히 포함해 주시기 바랍니다.

롤플레이 답변 전략 – 예시(단순 질문 롤플레이)

OPIc은 면접과 흡사한 시험으로 서론, 본론, 결론을 명확하게 지키며 답변합니다.

Q

I also love listening to music. Ask me three to four questions about **what types of music I like to listen to.**

저도 음악 듣는 것을 좋아합니다. 저에게 **어떤 종류의 음악**을 좋아하는지 3-4개의 질문을 해주세요.

예시 답변 – 좋아하는 음악 단순 질문

서론
인사말/10%

- **Hi Eva,** I <u>heard</u> that you like ***listening to music,*** right?

본론
질문/80%

- **Firstly,** what types of <u>music</u> do you like to listen to?
  - You know, I like <u>all</u> kinds of music such as <u>ballad</u>, hip-hop and so on.
  - How about <u>you</u>?

- **Secondly,** who do you <u>normally</u> listen to music with?
  - For me, I listen to <u>music</u> with my brother.

- **Lastly,** when do you listen to <u>music</u>?
  - Well, I listen to music when I <u>work</u> out.

결론
마무리문장/10%

- **Okay Eva,** see you later.

단순 질문 롤플레이 답변의 고득점을 향한 스피킹 방법을 훈련합니다.

ⓐ **서론 – 인사말**
면접관인 Eva와의 실제 전화통화처럼 자연스럽게 시작해야 합니다.

ⓑ **본론 – 질문**
단순 질문은 쉬운 '롤플레이 종류'로 하나의 문제가 출제되기에 필히 물어본 질문의 답변을 먼저 한 다음, 추가 질문은 진짜녀석들 OPIc 롤플레이 질문으로 답변을 구성합니다. 제시 질문으로 대체가 되지 않을 시, 배웠던 묘사에서 암기한 문장들을 사용하여 질문을 구성합니다.

ⓒ **결론 – 마무리 문장**
실제 전화 통화를 마무리하는 것과 같은 연기로 자연스럽게 마무리합니다.

- **진짜녀석들 OPIc 묘사 답변 훈련과 같이 모든 단락에 본인 실력 문장을 필히 포함해 주시기 바랍니다.**

8강

유형 02 (롤플레이)

암기문장 활용

롤플레이의 암기(정보요청) 조동사 의문문

정보요청 암기문장의 문법을 정확히 배우고 응용해 보세요.

Hi there, can I ask you something?

• [조동사 의문문] : Can + 주어 + 동사 ~?(~해도 되나요?)

01. **'Can 조동사'**를 넣어 질문을 만들 땐 **'~해도 됩니까?'** 로 해석되어 상대에게 **'허락'**, **'가능'**을 물어볼 때 쓰임

02. **'조동사 + 주어 + 동사원형'** 의 형태

03. Should, Will, May, Could 등의 다양한 조동사로 문장의 의미를 다채롭게 만들 수 있음

사용 방법

Can + 주어 + 동사원형 ~?

활용 및 응용

• Can I ask you something?

• May I ask you some questions?

• Can you come to my house?

MEMO

롤플레이의 암기(정보요청) **be동사 의문문(Where)**

정보요청 암기문장의 문법을 정확히 배우고 응용해 보세요.

Firstly, where is it?

• [be동사 의문문 (Where)] : Where + be 동사 + 주어~?(~이 어디에 있나요?)

01. **'be' 동사**를 넣어 질문을 만들 땐 **'be동사 + 주어'**의 형태
02. 구체적인 질문을 할 때는 의문사를 질문의 가장 처음에 위치
03. **'Where'**은 **'어디에'** 라는 뜻의 의문사로 **'위치'**를 물을 때 적합
04. **'주어의 형태'**에 따라 동사가 바뀌니 이 점 주의!
05. am – I / are – you, 복수 주어 / is – 단수 주어

사용 방법

Where + be동사 + 주어~?

활용 및 응용

• Where is it?

• Where is the store?

• Where are the students?

MEMO

롤플레이의 암기(정보요청)   be동사 의문문(What)

정보요청 암기문장의 문법을 정확히 배우고 응용해 보세요.

Secondly, what are your opening hours?

• [be동사 의문문 (What)] :   What + be 동사 + 주어~?(~은 무엇인가요?)

01.   **'be' 동사**를 넣어 질문을 만들 땐 **'be동사 + 주어'**의 형태
02.   구체적인 질문을 할 때는 의문사를 질문의 가장 처음에 위치
03.   **'What'**은 **'무엇'** 라는 뜻의 의문사로 주어의 **'정체'**를 물을 때 적합
04.   **'주어의 형태'**에 따라 동사가 바뀌니 이 점 주의!
05.   am – I / are – you, 복수 주어 / is – 단수 주어

사용 방법

What + be동사 + 주어~?

활용 및 응용

• What are your opening hours?

• What is your favorite music?

• What are your hobbies?

MEMO

롤플레이의 암기(정보요청) How + 수량 형용사

정보요청 암기문장의 문법을 정확히 배우고 응용해 보세요.

Lastly, how much do I pay?

• [How + 수량형용사] : How much~?(얼마나~인가요?)

01. **'수량형용사'**는 **'명사의 수나 양을 수식'**하는 형용사 : many, much

02. 의문사 'how' 뒤에 수량형용사가 오면 **'얼마나 ~인가요?'** 라는 의미로, 보통 **'금액이나 수량을 물을 때'** 사용

03. 금액을 물을 때는 **'how much'** 로만 의미를 전달 가능

04. 단, **'셀 수 없는 명사'**가 올 때는 **'much'**, **'셀 수 있는 명사'**는 **'many'**

05. How + 수량 형용사 다음에는 **'의문문을 만들어 문장을 완성'**

사용 방법

How much / many + 명사 **+ 의문문~?**

* 셀 수 없는 명사엔 much / 셀 수 있는 명사엔 many

활용 및 응용

• How much(money) do I pay?

• How much is it?

• How many people are there?

MEMO

롤플레이의 암기(정보요청)　**Thanks a lot**

정보요청 암기문장의 문법을 정확히 배우고 응용해 보세요.

Alright then, thanks a lot. See you soon.

• [Thanks a lot]：　감사합니다

01.　영어에는 감사를 표현하는 방법이 굉장히 다양함
02.　감사를 표현하는 다른 방법
    a. Thank you
    b. Thank you very much
    c. I appreciate it
    d. Thank you for + 명사

사용 방법

감사한 상황에서 사용할 수 있는 표현

활용 및 응용

• Thanks a lot.

• Thank you very much!

• Thank you so much for your help!

MEMO

롤플레이의 암기(단순질문)　일반동사 의문문(Who)

단순질문 암기문장의 문법을 정확히 배우고 응용해 보세요.

Secondly, who do you usually listen to music with?

• [일반동사 의문문 (Who)]： Who + do동사 + 주어 + 동사원형 ~?(누가 ~을 하나요?)

01.　**'Who'**은 **'누가'** 라는 뜻의 의문사로 '누구'를 물을 때 적합

02.　'Who' 문장 뒤에 **'with'**를 붙이면 **'누구와 함께'**로 해석

03.　일반동사를 넣어 질문을 만들 땐 **'do동사'**： do/does/did가 필요

04.　일반동사 의문문의 형태: **'Do동사 + 주어 + 동사원형?'**

05.　구체적인 질문을 할 때는 의문사를 질문의 가장 처음에 위치

사용 방법

Who + do동사 + 주어+ (일반)동사원형~?

- **do**：　주어가 1, 2인칭, 복수 일 때

- **does**：　주어가 3인칭 단수 일 때

- **did**：　시제가 과거일 때

활용 및 응용

• Who do you usually listen to music with?

• Who do you see at the park?

• Who do you go to the concert with?

MEMO

롤플레이의 암기(단순질문) 일반동사 의문문(When)

단순질문 암기문장의 문법을 정확히 배우고 응용해 보세요.

Lastly, when do you listen to music?

• [일반동사 의문문 (When)] : When + do동사 + 주어 + 동사원형 ~?(언제 ~을 하나요?)

01. **'When'**은 **'언제'** 라는 뜻의 의문사로 '시간', '날짜'를 물을 때 적합
02. 일반동사를 넣어 질문을 만들 땐 **'do동사'** : do/does/did가 필요
03. 일반동사 의문문의 형태: **'Do동사 + 주어 + 동사원형?'**
04. 구체적인 질문을 할 때는 의문사를 질문의 가장 처음에 위치

사용 방법

When + do동사 + 주어+ (일반)동사원형~?

- **do :**   주어가 1, 2인칭, 복수 일 때

- **does :**   주어가 3인칭 단수 일 때

- **did :**   시제가 과거일 때

활용 및 응용

• When do you listen to music?

• When does he go to the park?

• When do you travel?

MEMO

롤플레이의 암기(단순질문) **See you later**

단순질문 암기문장의 문법을 정확히 배우고 응용해 보세요.

Okay Eva, see you later.

• [See you later] : 나중에 봐요

01.   영어로 통화할 때 전화를 마무리 짓는 표현 중 하나

02.   혹은 만남이 끝나고 헤어질 때도 끝인사 개념으로 자주 사용

03.   끝인사를 표현하는 다른 방법

    a. See ya!

    b. See you soon!

    c. Talk to you later!

사용 방법

통화나 만남 이후 마무리 짓는 상황에서 사용할 수 있는 표현

활용 및 응용

• See you later.

• Nice talking to you. See you soon!

• I gotta go. Talk to you later!

MEMO

9강

유형 02 (롤플레이)

암기문장 쉐도잉

암기문장 쉐도잉

암기문장 쉐도잉은 총 5단계로 나누어져 있습니다.
진짜녀석들 OPIc의 암기문장을 반복듣기 하면서 쉐도잉을 진행합니다.

1단계
사전학습

문장을 들은 후, 주어진 암기문장을 억양, 강세를 고려하여 큰소리로 읽습니다.

ex.) Actually, **It** is incredibly **beautiful** and **peaceful.**

2단계
딕테이션

문장을 들은 후, 밑줄 친 부분을 적습니다.

ex.) Actually, ____ is incredibly _____ and _____.

3단계
문장 끊어 읽기

문장을 들은 후, 청크 단위로 끊어 읽어 봅니다.

ex.) Actually, / **It** is incredibly **beautiful** / and **peaceful.**

4단계
전체 문장 읽기

문장을 들은 후, 3단계를 여러 번 반복한 후, 전체 문장을 한숨에 읽어 봅니다.

ex.) Actually, **It** is incredibly **beautiful** and **peaceful.**

5단계
반복학습

위 단계를 반복하여, 영어의 어순으로 된 한글 해석을 보며, 쉐도잉 연습을 합니다.

ex.) 사실, <u>그곳은</u> 숨막히게 <u>아름다워</u> 그리고 <u>평화로워.</u>

암기문장 쉐도잉

정보요청 롤플레이의 쉐도잉 연습을 하세요.

🎧 MP3 IL_17~21

1단계 : 사전학습

문장을 들은 후, 주어진 암기문장을 억양, 강세를 고려하여 큰소리로 읽습니다.

🎧 IL_17 • **Hi there,** can I ask you something?
🎧 IL_18 • **Firstly,** where is it?
🎧 IL_19 • **Secondly,** what are your opening hours?
🎧 IL_20 • **Lastly,** how much do I pay?
🎧 IL_21 • **Alright then,** thanks a lot. See you soon.

2단계 : 딕테이션

문장을 들은 후, 밑줄 친 부분을 적습니다.

• **Hi there,** can I ask you _____?
• **Firstly,** _____ is it?
• **Secondly,** what are your _____ _____?
• **Lastly,** _____ _____ do I pay?
• **Alright then,** _____a lot. _____ you soon.

3단계 : 문장 끊어 읽기

문장을 들은 후, 청크 단위로 끊어 읽어 봅니다

• **Hi there,** / can I ask you / something?
• **Firstly,** / where is it?
• **Secondly,** / what are your / opening hours?
• **Lastly,** / how much / do I pay?
• **Alright then,** / thanks a lot. / See you soon.

암기문장 쉐도잉

정보요청 롤플레이의 쉐도잉 연습을 하세요.

MP3 IL_17~21

4단계 : 전체 문장 읽기

문장을 들은 후, 3단계를 여러 번 반복한 후, 전체 문장을 한숨에 읽어 봅니다.

- **Hi there,** can I ask you something?
- **Firstly,** where is it?
- **Secondly,** what are your opening hours?
- **Lastly,** how much do I pay?
- **Alright then,** thanks a lot. See you soon.

5단계 : 반복 학습

위 단계를 반복하여, 영어의 어순으로 된 한글 해석을 보며, 쉐도잉 연습을 합니다.

- **안녕,**   뭐 좀 물어봐도 돼?
- **첫 번째로,**   어디에 있어?
- **두 번째로,**   운영 시간은 어떻게 돼?
- **마지막으로,**   얼마를 내야 해?
- **알겠어 그럼,**   많이 고마워. 곧 보자.

암기문장 쉐도잉

단순질문의 쉐도잉 연습을 하세요.

1단계 : 사전학습

문장을 들은 후, 주어진 암기문장을 억양, 강세를 고려하여 큰소리로 읽습니다.

🎧 IL_22 • **Hi Eva**, I heard that you like <u>**listening to music**</u>, right?

🎧 IL_23 • **Firstly,** why do you like <u>**listening to music**</u>?

🎧 IL_24 • **Secondly,** who do you usually <u>**listen to music**</u> with?

🎧 IL_25 • **Lastly,** when do you <u>**listen to music**</u>?

🎧 IL_26 • **Okay Eva,** see you later.

2단계 : 딕테이션

문장을 들은 후, 밑줄 친 부분을 적습니다.

• **Hi Eva**, I heard that you like _____, right?

• **Firstly,** why do you like _____?

• **Secondly,** who do you usually _____ with?

• **Lastly,** when do you _____?

• **Okay Eva,** see you later.

3단계 : 문장 끊어 읽기

문장을 들은 후, 청크 단위로 끊어 읽어 봅니다

• **Hi Eva**, / I heard that / you like <u>**listening to music,**</u> / right?

• **Firstly,** / why do you like / <u>**listening to music**</u>?

• **Secondly,** / who do you usually / <u>**listen to music**</u> with?

• **Lastly,** / when do you / <u>**listen to music**</u>?

• **Okay Eva,** / see you later.

암기문장 쉐도잉

단순질문의 쉐도잉 연습을 하세요.

🎧 MP3 IL_22~26

4단계 : 전체 문장 읽기

문장을 들은 후, 3단계를 여러 번 반복한 후, 전체 문장을 한숨에 읽어 봅니다.

• Hi Eva, I heard that you like **listening to music**, right?

• **Firstly,** why do you like **listening to music**?

• **Secondly,** who do you usually **listen to music** with?

• **Lastly,** when do you **listen to music**?

• **Okay Eva,** see you later.

5단계 : 반복 학습

위 단계를 반복하여, 영어의 어순으로 된 한글 해석을 보며, 쉐도잉 연습을 합니다.

• 안녕 에바,	나 들었어 네가	<u>음악 듣는 걸</u> 좋아한다고,	맞아?
• 첫 번째로,	넌 왜 좋아 해	<u>음악 듣는 걸?</u>	
• 그리고,	누구와 주로	<u>음악을 들어?</u>	
• 마지막으로,	넌 언제	<u>음악을 들어?</u>	
• 알겠어 에바,	나중에 보자.		

10강

리스닝 훈련

롤플레이 질문 리스트

정보요청 롤플레이

단순질문 롤플레이

롤플레이 질문 리스트

진짜녀석들 OPIc 의 다양한 롤플레이 질문들의 MP3를 듣고 키워드 캐치를 훈련하세요.

정보요청
10번

병원예약 관련
I would like to give you a situation and ask you to act it out. **You need to make an appointment with your doctor.** Call the office and describe what you need. Then ask three or four questions to find out **when the doctor is available.**

티켓구매 관련
I'm going to give you a situation and ask you to act it out. You want to **order some concert tickets** on the phone. Call the ticket office and ask some questions in order to buy tickets.

핸드폰구매 관련
I'm going to give you a situation and ask you to act it out. You want to **buy a new cell phone.** Call a store and ask three to four questions about a new cell phone you want to buy.

파티초대 관련
I'm going to give you a situation and ask you to act it out. You are **invited to a party** from your friend. Call your friend and ask some questions to know more about the party.

해변방문 관련
I'm going to give you a situation and ask you to act it out. Your friend wants to **go to the beach** with you. Call your friend and ask three to four questions about going to the beach.

호텔예약 관련
I'm going to give you a situation and ask you to act it out. You would like to **book a hotel for your trip.** Call a hotel and ask three or four questions to know more about that hotel.

구매상품 관련
I'd like to give you a situation and ask you to act it out. You need to **buy several pieces of clothing.** Tell the salesperson at the store what you are looking for. Then ask three or four questions to find out what you need to know about the clothes in the store.

- -

단순질문
12번

오케스트라 연주 관련
I play the violin in an orchestra. Ask me three or four question to find out more about **my violin playing.**

국내여행 관련
I also enjoy traveling around my country. Ask me three to four questions about **why I like traveling around my country.**

조깅 관련
I also enjoy jogging. Ask me three to four questions about **why I like to jog.**

거주지 관련
Ask me three or four questions to learn everything you can about **where I live.**

휴가행동 관련
I also enjoy spending time at home during my vacation. Ask me three to four questions about **what I usually do when I spend time on vacation at home.**

공원 관련
I also enjoy going to the park. Ask me three to four questions about **my favorite park.**

캐나다거주 관련
I live in western Canada. Ask me three to four questions about **the geography of my area.**

롤플레이 – 정보요청

진짜녀석들 OPIc 의 다양한 롤플레이 질문들의 MP3를 듣고 키워드 캐치를 훈련하세요.

MP3 IL_Q_17

돌발 / 병원 예약

병원 예약 관련 전화하여 정보요청

I would like to give you a situation and ask you to act it out. You need to make an appointment with your doctor. Call the office and describe what you need. Then ask three or four questions to find out when the doctor is available.

/ KEYWORD

MP3 IL_Q_18

서베이 / 콘서트

티켓 구매 관련 전화하여 정보요청

I'm going to give you a situation and ask you to act it out. You want to order some concert tickets on the phone. Call the ticket office and ask some questions in order to buy tickets.

/ KEYWORD

MP3 IL_Q_19

돌발 / 전자기기

핸드폰 구매 관련 전화하여 정보요청

I'm going to give you a situation and ask you to act it out. You want to buy a new cell phone. Call a store and ask three to four questions about a new cell phone you want to buy.

/ KEYWORD

MP3 IL_Q_20

돌발 / 파티

파티 초대 관련 전화하여 정보요청

I'm going to give you a situation and ask you to act it out. You are invited to a party from your friend. Call your friend and ask some questions to know more about the party.

/ KEYWORD

롤플레이 – 정보요청

진짜녀석들 OPIc 의 다양한 롤플레이 질문들의 MP3를 듣고 키워드 캐치를 훈련하세요.

MP3 IL_Q_21

서베이 / 해변

해변 방문 관련 전화하여 정보요청

I'm going to give you a situation and ask you to act it out. Your friend wants to go to the beach with you. Call your friend and ask three to four questions about going to the beach.

/ KEYWORD

MP3 IL_Q_22

돌발 /호텔

호텔 예약 관련 전화하여 정보요청

I'm going to give you a situation and ask you to act it out. You would like to book a hotel for your trip. Call a hotel and ask three or four questions to know more about that hotel.

/ KEYWORD

MP3 IL_Q_23

서베이 / 쇼핑

구매 상품 관련 직원에게 정보요청

I'd like to give you a situation and ask you to act it out. You need to buy several pieces of clothing. Tell the salesperson at the store what you are looking for. Then ask three or four questions to find out what you need to know about the clothes in the store.

/ KEYWORD

롤플레이 – 단순질문

진짜녀석들 OPIc 의 다양한 롤플레이 질문들의 MP3를 듣고 키워드 캐치를 훈련하세요.

🎧 MP3 IL_Q_24

서베이
/ 음악

Eva가 오케스트라에서 연주하는 바이올린 관련 단순질문

I play the violin in an orchestra. Ask me three or four question to find out more about my violin playing.

/ KEYWORD

🎧 MP3 IL_Q_25

서베이
/ 여행

Eva가 국내여행을 좋아하는 이유 관련 단순질문

I also enjoy traveling around my country. Ask me three to four questions about why I like traveling around my country.

/ KEYWORD

🎧 MP3 IL_Q_26

서베이
/ 조깅

Eva가 조깅을 좋아하는 이유 관련 단순질문

I also enjoy jogging. Ask me three to four questions about why I like to jog.

/ KEYWORD

🎧 MP3 IL_Q_27

서베이
/ 거주지

Eva가 사는 거주지 및 동네 관련 단순질문

Ask me three or four questions to learn everything you can about where I live.

/ KEYWORD

롤플레이 – 단순질문

진짜녀석들 OPIc 의 다양한 롤플레이 질문들의 MP3를 듣고 키워드 캐치를 훈련하세요.

🎧 MP3 IL_Q_28

서베이
/ 집휴가

Eva가 집에서 휴가 보낼 때 하는 행동 관련 단순질문

I also enjoy spending time at home during my vacation. Ask me three to four questions about what I usually do when I spend time on vacation at home.

/ KEYWORD

🎧 MP3 IL_Q_29

서베이
/ 공원

Eva가 좋아하는 공원 관련 단순질문

I also enjoy going to the park. Ask me three to four questions about my favorite park.

/ KEYWORD

🎧 MP3 IL_Q_30

서베이
/ 거주지

Eva에게 캐나다 거주 관련 단순질문

I live in western Canada. Ask me three to four questions about the geography of my area.

/ KEYWORD

11강

유형 02 (롤플레이)

스크립트 훈련

10번

정보요청 병원 예약 관련 전화하여 **정보요청**

Q17

I would like to give you a situation and ask you to act it out. **You need to make an appointment with your doctor.** Call the office and describe what you need. Then ask three or four questions to find out **when the doctor is available.**

상황을 드릴 테니 연기해보세요. **당신은 의사와 예약**을 해야 합니다. 병원에 전화하여 필요한 부분에 대해 말하세요. 그리고 **의사와의 예약이 언제 가능한지**에 대해 3-4가지를 물어보세요.

서론
인사말/10%

본론
질문/80%

결론
마무리문장/10%

• <u>Hi</u> there, _**I need to see a <u>doctor</u>.**_ Can I ask you something?

• **First** of all, <u>where</u> is the hospital?
  - I <u>heard</u> that it is in the ABC <u>shopping</u> mall.
  - Is it <u>right</u>?

• **Secondly,** what are your <u>opening</u> hours?
  - Is it 9 to <u>6</u>?
  - Is it <u>always</u> packed with lots of <u>people</u>?

• **Lastly,** when is the doctor <u>available</u>?
  - I want to see a doctor at <u>9</u>am.

• **Alright then,** <u>thanks</u> a lot. See you soon.

- -

• 안녕하세요, **의사 선생님과의 예약을 원하는데요,** 뭐 좀 여쭤봐도 될까요?

• 첫 번째로, 병원이 어디에 있죠?
  - 제가 듣기론, ABC 쇼핑몰 안에 있다고 들었는데요.
  - 맞나요?

• 두 번째로, 운영시간은 어떻게 되죠?
  - 9시부터 6시까지인가요?
  - 거긴 항상 사람들로 붐비나요?

• 마지막으로, 의사 선생님은 언제 예약이 가능하죠?
  - 전 오전 9시에 예약을 원하는데요.

• 알겠습니다, 감사합니다, 곧 뵙겠습니다.

어휘 및 표현
I need to see a doctor 의사선생님과의 예약을 원합니다   **where is the hospital?** 병원은 어디에 있죠?
it is in the ABC shopping mall ABC 쇼핑몰 안에 있습니다   **is it right?** 맞나요?   **is it 9 to 6?** 운영 시간은 오전 9시부터 오후 6시까지 인가요?
when is the doctor available? 의사 선생님 예약은 언제 가능한가요?   **I want to see a doctor at 9am** 전 오전 9시에 예약을 원합니다

정보요청 티켓 구매 관련 전화하여 **정보요청**

Q18 ━━━━━━━━━━━━━━━━━━━━━━━ 🎧 MP3 IL_Q_18

I'm going to give you a situation and ask you to act it out. You want to **order some concert tickets** on the phone. Call the ticket office and ask some questions in order to buy tickets.

상황을 드릴 테니 연기해보세요. 당신은 **전화로 콘서트 티켓을 구매**하려 합니다. 티켓 오피스에 전화하여 티켓 구매를 위한 질문을 몇 가지 하세요.

🎧 MP3 IL_A_18

서론
인사말/10%

• <u>Hi</u> there, *I want to <u>order</u> some <u>concert</u> tickets.* Can I ask you something?

본론
질문/80%

• <u>**Firstly,**</u> <u>where</u> is the concert hall?
  - Is it the <u>ABC</u> concert hall?
  - I <u>heard</u> that the ABC concert hall is <u>always</u> packed with <u>lots</u> of people.
  - Is it <u>right</u>?

• <u>**Secondly,**</u> how much is the <u>ticket</u>?
  - Can I get a <u>discount</u>?

• <u>**Lastly,**</u> what <u>time</u> does the <u>concert</u> begin?
  - I <u>heard</u> it starts at <u>7</u>pm. Is it <u>right</u>?

결론
마무리문장/10%

• <u>**Alright then,**</u> <u>thanks</u> a lot. See you soon.

• 안녕하세요, **콘서트 티켓 구매**를 하려고 하는데요, 뭐 좀 여쭤봐도 될까요?

• 첫 번째로, 콘서트홀은 어디에 있죠?
  - ABC 콘서트홀이 맞나요?
  - 제가 듣기론, ABC 콘서트홀은 항상 사람들로 붐빈다고 하던데요.
  - 맞나요?

• 두 번째로, 티켓은 얼마죠?
  - 할인을 받을 수 있을까요?

• 마지막으로, 콘서트는 언제 시작하죠?
  - 오후 7시라고 들었는데요, 맞나요?

• 알겠습니다, 감사합니다, 곧 뵙겠습니다.

어휘 및 표현
I want to order some concert tickets 콘서트 티켓을 구매하고 싶습니다   **where is the concert hall?** 콘서트홀은 어디에 있죠?
is it ABC concert hall? ABC 콘서트 홀인가요?   **is it right?** 맞나요?   **can I get a discount?** 할인을 받을 수 있나요?
what time does the concert begin? 콘서트는 몇 시에 시작하나요?   **I heard that it starts at 7pm** 7시에 시작한다고 들었습니다

정보요청 핸드폰 구매 관련하여 전화하여 **정보요청**

Q19 ────────────────────────── 🎧 MP3 IL_Q_19

I'm going to give you a situation and ask you to act it out. You want to **buy a new cell phone.** Call a store and ask three to four questions about a new cell phone you want to buy.

상황을 드릴 테니 연기해보세요. 당신은 **새로운 핸드폰을 구매**하려 합니다. 상점에 전화하여 구매하려는 핸드폰에 대해 3-4가지 질문을 하세요.

──────────────────────────────────── 🎧 MP3 IL_A_19

서론
인사말/10%

- <u>Hi</u> there, *I want to <u>buy</u> a new <u>cell</u> phone.* Can I ask you something?

본론
질문/80%

- **Firstly,** where is the <u>cell</u> phone store?
  - I <u>heard</u> that it is in the <u>OPIc</u> shopping mall.
  - Is it on the <u>first</u> floor?

- **Secondly,** <u>how</u> much is the new <u>iPhone</u>?
  - Can I get a <u>discount</u>?

- **Lastly,** what are your <u>opening</u> hours?
  - Is it 9 to <u>6</u>?

결론
마무리문장/10%

- <u>Alright</u> then, <u>thanks</u> a lot. See you soon.

- -

- 안녕하세요, **새 핸드폰을 구매**하려고 하는데요, 뭐 좀 여쭤봐도 될까요?

- 첫 번째로, 핸드폰 가게는 어디에 있죠?
  - 제가 듣기론, OPIc 쇼핑몰 안에 있다던데.
  - 맞나요?

- 두 번째로, 새로운 아이폰은 얼마죠?
  - 할인을 받을 수 있을까요?

- 마지막으로, 상점 운영 시간은 어떻게 되죠?
  - 오전 9시부터 오후 6시까지인가요?

- 알겠습니다, 감사합니다, 곧 뵙겠습니다.

어휘 및 표현
I want to buy a new cell phone 새 핸드폰을 구매하려 합니다   **where is the cell phone store?** 핸드폰 가게는 어디에 있죠?
it is in the OPIc shopping mall OPIc 쇼핑몰 안에 있어요   **can I get a discount?** 할인을 받을 수 있나요?
is it 9 to 6? 운영 시간은 오전 9시부터 오후 6시까지 인가요?

정보요청 파티 초대 관련 전화하여 **정보요청**

Q20 ────────────────────────── 🎧 MP3 IL_Q_20

I'm going to give you a situation and ask you to act it out. You are **invited to a party** from your friend. Call your friend and ask some questions to know more about the party.

상황을 드릴 테니 연기해보세요. 당신은 **친구로부터 파티에 초대**받았습니다. 친구에게 전화하여 파티에 대한 정보를 얻기 위해 3-4가지 질문을 하세요.

🎧 MP3 IL_A_20

서론
인사말/10%

• **Hi Ryan,** Can I ask you something?

본론
질문/80%

• **Firstly,** what kind of <u>party</u> is it?
 - Is it a <u>dance</u> party?
 - You know, I like <u>all</u> kinds of music.
 - I will <u>love</u> that party.
 - Because I can <u>release</u> stress.

• **Secondly,** <u>where</u> is the party at?
 - <u>Also,</u> can I take my <u>friend</u>?
 - He is an <u>outgoing</u> person.

결론
마무리문장/10%

• **Alright then,** <u>thanks</u> a lot. See you soon.

- -

• 안녕 Ryan, 뭐 좀 물어봐도 돼?

• 첫 번째로, 어떤 종류의 파티야?
 - 댄스파티야?
 - 있잖아, 난 모든 종류의 음악을 좋아해.
 - 난 그 파티를 좋아할 것 같아.
 - 왜냐하면 스트레스를 풀 수 있거든.

• 두 번째로, 파티 장소는 어디야?
 - 그리고, 혹시 내 친구 데리고 가도 돼?
 - 엄청 활발한 친구야.

• 알겠어, 고마워, 곧 보자.

어휘 및 표현
what kind of party is it? 어떤 종류의 파티야?　**is it a dance party?** 댄스파티야?　**I will love that party** 난 그 파티를 좋아할 것 같아
where is the party at? 파티는 어디서 열려?　**can I take my friend?** 내 친구 데리고 가도 돼?

정보요청 해변 방문 관련 전화하여 **정보요청**

Q21
🎧 MP3 IL_Q_21

I'm going to give you a situation and ask you to act it out. Your friend wants to **go to the beach** with you. Call your friend and ask three to four questions about going to the beach.

상황을 드릴 테니 연기해보세요. 당신 친구는 당신과 함께 **해변을 가고 싶어 합니다.** 친구에게 전화하여 해변에 가는 것에 대해서 3-4가지 질문을 하세요.

🎧 MP3 IL_A_21

서론
인사말/10%

- Hi Rachel, *do you want to go to the beach?* Can I ask you something?

본론
질문/80%

- **Firstly,** how about 해운대 beach?
  - I heard that 해운대 beach is so peaceful and so beautiful.

- **Secondly,** can we listen to music at the beach?
  - You know, I like listening to music because I can release stress.

- **Lastly,** when do you want to go to the beach?
  - Also, can I take my friend?
  - Well, she is an outgoing person.

결론
마무리문장/10%

- **Alright then,** thanks a lot. See you soon.

- -

- 안녕 Rachel, **나랑 해변에 가자고?** 뭐 좀 물어봐도 돼?

- 첫 번째로, 해운대 해변은 어때?
  - 해운대 해변이 엄청 평화롭고 아름답다고 들었거든.

- 두 번째로, 우리 해변에서 음악 들을 수 있을까?
  - 있잖아, 난 음악 듣는 걸 좋아하거든, 왜냐하면 스트레스를 풀 수 있어서.

- 마지막으로, 해변에는 언제 갈까?
  - 그리고 내 친구 데려가도 돼?
  - 그녀는 엄청 활발한 친구거든.

- 알겠어 그럼, 고마워, 곧 보자.

어휘 및 표현
do you want to go to the beach? 해변에 가고 싶어?   how about 해운대 beach? 해운대 해변은 어때?
can we listen to music at the beach? 해변에서 음악 들을 수 있어?   can I take my friend? 친구 데려가도 돼?

정보요청 호텔 예약 관련 전화하여 **정보요청**

Q22   🎧 MP3 IL_Q_22

I'm going to give you a situation and ask you to act it out. You would like to **book a hotel for your trip.** Call a hotel and ask three or four questions to know more about that hotel.

상황을 드릴 테니 연기해보세요. **여행을 위해서 호텔 예약**을 하려 합니다. 호텔에 전화하여 호텔에 대한 정보 질문을 3-4가지 하세요.

🎧 MP3 IL_A_22

서론
인사말/10%

- <u>Hi</u> there, *I would like to book a <u>hotel</u>.* Can I ask you something?

본론
질문/80%

- <u>Firstly,</u> <u>where</u> is the hotel?
  - I <u>heard</u> that it is <u>close</u> to the <u>airport</u>.
  - Is it <u>right</u>?

- <u>Secondly,</u> how much is the <u>standard</u> room?
  - Can I get a <u>discount</u>?

- <u>Lastly,</u> what are your <u>opening</u> hours?
  - Is it 24/7?

결론
마무리문장/10%

- <u>Alright</u> then, <u>thanks</u> a lot. See you soon.

- -

- 안녕하세요, **호텔 예약**을 하려고 하는데요, 뭐 좀 물어봐도 되나요?

- 첫 번째로, 호텔 위치는 어떻게 되나요?
  - 공항 근처라고 들었는데요.
  - 맞나요?

- 두 번째로, 스탠더드 객실은 얼마인가요?
  - 할인을 좀 받을 수 있나요?

- 마지막으로, 호텔 운영시간은 어떻게 되나요?
  - 24시간인가요?

- 알겠습니다. 감사합니다. 곧 뵐게요.

어휘 및 표현
I would like to book a hotel 호텔 예약을 하고 싶습니다   **it is close to the airport** 공항에서 가깝습니다
how much is the standard room? 스탠더드 객실은 얼마인가요?   **is it 24/7?** 운영 시간은 24시간 인가요?

정보요청 구매 상품 관련 직원에게 **정보요청**

Q23

🎧 MP3 IL_Q_23

I'd like to give you a situation and ask you to act it out. You need to **buy several pieces of clothing.** Tell the salesperson at the store what you are looking for. Then ask three or four questions to find out what you need to know about the clothes in the store.

상황을 드릴 테니 연기해보세요. 당신은 **옷을 몇 벌 구매**하려 합니다. 상점직원에게 당신이 구매하고자 하는 옷에 대해 얘기하세요. 그리고 구매하려는 옷에 대해 3-4가지를 물어보세요.

🎧 MP3 IL_A_23

서론
인사말/10%

- <u>Hi</u> there, *I want to buy some <u>T-shirts.</u>* Can I ask you something?

본론
질문/80%

- **First of all,** do you have a <u>black</u> T-shirt?
  - <u>Frankly</u> speaking, I like <u>all</u> kinds of colors such as <u>black</u>, pink and <u>so</u> on.

- **Secondly,** do you have <u>American</u> brands?
  - I like <u>American</u> brands because they are getting <u>so</u> popular.

- **Lastly,** how much do I pay?
  - Can I get a <u>discount</u>?

결론
마무리문장/10%

- **Alright then,** <u>thanks</u> a lot.

- 안녕하세요, **티셔츠를 구매**하려 하는데요, 뭐 좀 물어봐도 돼요?

- 첫 번째로, 검정 티셔츠가 있나요?
  - 솔직히 말해서, 전 검정, 핑크 등 모든 컬러의 티셔츠를 좋아합니다.

- 두 번째로, 미국 브랜드가 있나요?
  - 전 미국 브랜드를 좋아해요, 왜냐하면 그들은 상당히 유명해지고 있거든요.

- 마지막으로, 얼마인가요?
  - 할인도 가능할까요?

- 알겠습니다. 감사합니다.

어휘 및 표현
I want to buy some T-shirts 티셔츠를 사고 싶습니다　**do you have a black T-shirt?** 검정 티셔츠가 있나요?
do you have American brands? 미국 브랜드가 있나요?　**Can I get a discount?** 할인이 가능한가요?

12강

스크립트 훈련

12번

단순질문 Eva가 오케스트라에서 연주하는 바이올린 관련 **단순질문**

Q24 ———————————————————————— 🎧 MP3 IL_Q_24

I play the violin in an orchestra. Ask me three or four question to find out more about **my violin playing.**

전 오케스트라에서 바이올린을 연주합니다. 저의 **바이올린 연주**에 대해 3-4가지 질문을 해주세요.

———————————————————————————— 🎧 MP3 IL_A_24

서론
인사말/10%
- **Hi Eva,** I <u>heard</u> that you *play the <u>violin</u>,* right?

본론
질문/80%
- **Firstly,** why do you like playing the <u>violin</u>?
  - Well, I like playing the <u>violin</u> because I can <u>release</u> stress.
  - How about you?

- **Secondly,** where do you <u>usually</u> play the violin?
  - For me, I <u>usually</u> play the violin in the <u>park</u>.
  - Because the park is <u>so</u> peaceful and <u>quiet</u>.

- **Lastly,** when do you play the violin?
  - You know, I play the violin <u>everyday</u>.

결론
마무리문장/10%
- **Okay Eva,** see you later.

- -

- 안녕 에바, **바이올린 연주를 한다고 들었어.** 맞지?

- 첫 번째로, 넌 왜 바이올린 연주를 해?
  - 음, 난 스트레스를 풀기 위해서 바이올린 연주를 해.
  - 너는?

- 두 번째로, 넌 바이올린 연주를 어디서 해?
  - 나 같은 경우는, 주로 공원에서 연주를 해.
  - 왜냐하면 공원은 굉장히 평화롭고 조용하거든.

- 마지막으로, 언제 바이올린 연주를 해?
  - 있잖아, 난 매일 연주를 해.

- 알겠어 에바, 나중에 보자.

어휘 및 표현
I heard that you play the violin 바이올린 연주를 한다고 들었어   **how about you?** 너는?   **for me** 나같은 경우는
I play the violin everyday 난 매일 바이올린 연주를 해

단순질문 Eva가 국내여행을 좋아하는 이유 관련 **단순질문**

Q25 ────────────────────────── 🎧 MP3 IL_Q_25

I also enjoy traveling around my country. Ask me three to four questions about **why I like traveling around my country.**

저 또한 국내 여행하는 것을 좋아합니다. 저에게 **국내 여행을 좋아하는 이유**에 대해 3-4가지 질문을 해주세요.

🎧 MP3 IL_A_25

서론
인사말/10%

• **Hi Eva,** I <u>heard</u> that you like **_traveling_ around your _country_**, right?

본론
질문/80%

• **Firstly,** why do you like <u>traveling</u> around your <u>country</u>?
  - Well, I like <u>traveling</u> around my country because I can <u>release</u> stress.
  - Also, I'm an <u>outgoing</u> and <u>active</u> person.
  - How about you?

• **Secondly,** where do you <u>usually</u> travel around your country?
  - For me, I <u>usually</u> go to the <u>beaches</u>.
  - Because the <u>beaches</u> are so <u>beautiful</u>.

• **Lastly,** when do you <u>travel</u>?
  - You know, I <u>usually</u> travel in <u>summer</u>.

결론
마무리문장/10%

• **Okay Eva,** see you later.

- -

• 안녕 에바, **국내여행을 좋아한다고 들었어.** 맞지?

• 첫 번째로, 넌 왜 국내여행을 해?
  - 음, 난 스트레스를 풀기 위해서 여행을 해.
  - 또한, 난 굉장히 활발하고 활동적인 사람이야.
  - 너는?

• 두 번째로, 넌 여행을 어디로 가?
  - 나 같은 경우는, 주로 해변을 가.
  - 왜냐하면 해변은 굉장히 아름답거든.

• 마지막으로, 언제 여행을 가?
  - 있잖아, 난 주로 여름에 여행을 가.

• 알겠어 에바, 나중에 보자.

어휘 및 표현
I heard that you like traveling around your country 국내여행을 좋아한다고 들었어   **active person** 활동적인 사람   **how about you?** 너는?
for me 나같은 경우는   **I usually go to the beaches** 난 주로 해변을 가   **I usually travel in summer** 난 주로 여름에 여행을 가

단순질문 Eva가 조깅을 좋아하는 이유 관련 **단순질문**

Q26 🎧 MP3 IL_Q_26

I also enjoy jogging. Ask me three to four questions about **why I like to jog.**

저도 조깅을 좋아합니다. 저에게 **조깅을 좋아하는 이유**에 대해 3-4가지 질문을 해주세요.

🎧 MP3 IL_A_26

서론
인사말/10%

- **Hi Eva,** I <u>heard</u> that you like **_jogging,_** right?

본론
질문/80%

- **Firstly,** <u>why</u> do you like <u>jogging</u>?
  - Well, I like <u>jogging</u> because I can <u>release</u> stress.
  - <u>Also,</u> I'm an <u>outgoing</u> and <u>active</u> person.
  - How about you?

- **Secondly,** <u>where</u> do you <u>usually</u> jog?
  - For me, I <u>usually</u> go to the <u>park</u>.
  - Because you can find a <u>huge</u> running track.

- **Lastly,** when do you <u>jog</u>?
  - You know, I jog <u>every</u> morning.

결론
마무리문장/10%

- **Okay Eva,** see you later.

- -

- 안녕 에바, **조깅을 좋아한다고 들었어.** 맞지?

- 첫 번째로, 넌 왜 조깅을 해?
  - 음, 난 스트레스를 풀기 위해서 조깅을 해.
  - 또한, 난 굉장히 활발하고 활동적인 사람이야.
  - 너는?

- 두 번째로, 넌 조깅을 어디서 해?
  - 나 같은 경우는, 주로 공원을 가.
  - 왜냐하면 그곳엔 큰 러닝트랙이 있거든.

- 마지막으로, 언제 조깅을 가?
  - 있잖아, 난 매일 아침에 조깅을 해.

- 알겠어 에바, 나중에 보자.

어휘 및 표현
I heard that you like jogging 조깅을 좋아한다고 들었어   **active person** 활동적인 사람   **how about you?** 너는?   **for me** 나같은 경우는
I usually go to the park 난 주로 공원을 가   **I jog every morning** 난 매일 아침에 조깅을 해

단순질문 Eva가 사는 거주지 및 동네 관련 **단순질문**

Q27 ───────────────────────── 🎧 MP3 IL_Q_27

Ask me three or four questions to learn everything you can about **where I live.**

제가 사는 곳에 대해 3-4가지 질문을 해주세요.

🎧 MP3 IL_A_27

서론
인사말/10%

본론
질문/80%

결론
마무리문장/10%

- <u>Hi Eva,</u> I <u>heard</u> that you *live in an **apartment**,* right?

- <u>**Firstly,**</u> how many <u>rooms</u> are there in your <u>house</u>?
  - For me, there are <u>lots</u> of rooms in my <u>house</u>.
  - How about you?

- <u>**Secondly,**</u> where is your <u>apartment</u>?
  - You know, I live in <u>Seoul</u>.
  - Also, you can find a <u>beautiful</u> coffee shop near my <u>house</u>.

- <u>**Okay Eva,**</u> see you later.

- -

- 안녕 에바, **아파트에 산다고 들었어.** 맞지?

- 첫 번째로, 너희 집에는 방이 몇 개야?
  - 나 같은 경우는, 우리 집에 많은 방들이 있어.
  - 너는?

- 두 번째로, 너희 아파트는 어디에 있어?
  - 있잖아, 난 서울에 살아.
  - 그리고, 우리 집 근처에는 예쁜 커피숍을 볼 수 있어.

- 알겠어 에바, 나중에 보자.

어휘 및 표현
I heard that you live in an apartment 아파트에 산다고 들었어   **how many rooms are there in your house?** 집에 방이 몇 개가 있어?
for me 나같은 경우는   **how about you?** 너는?   **where is your apartment?** 아파트는 어디에 있어?   **I live in Seoul** 난 서울에 살아
near my house 집 근처에

단순질문 Eva가 집에서 휴가 보낼 때 하는 행동 관련 **단순질문**

Q28
🎧 MP3 IL_Q_28

I also enjoy spending time at home during my vacation. Ask me three to four questions about **what I usually do when I spend time on vacation at home.**

저도 휴가 때 집에서 시간 보내는 것을 좋아합니다. 제가 휴가 중, 집에서 **시간을 보낼 때 주로 무엇을 하는지**에 대해 3-4가지 질문을 해주세요.

🎧 MP3 IL_A_28

서론
인사말/10%

- <u>Hi</u> Eva, I <u>heard</u> that you like *spending <u>time</u> on vacation at <u>home</u>,* right?

본론
질문/80%

- <u>Firstly,</u> why do you like spending <u>time</u> at <u>home</u>?
  - Well, I like spending time at <u>home</u> because I can <u>release</u> stress.
  - I <u>usually</u> listen to <u>music</u> at home.
  - <u>Frankly</u> speaking, I like <u>all</u> kinds of music such as <u>ballad</u>, hip-hop and so on.
  - How about you?

- <u>Secondly,</u> who do you <u>usually</u> spend time with?
  - For me, I <u>usually</u> call my friend <u>Chloe</u>.
  - Because she is an <u>outgoing</u> person.

결론
마무리문장/10%

- <u>Okay</u> Eva, see you later.

- -

- 안녕 에바, **휴가 때, 집에서 시간을 보낸다고** 들었어. 맞지?

- 첫 번째로, 너는 왜 집에서 시간을 보내?
  - 음, 난 스트레스를 풀기 위해서 집에서 휴가를 보내.
  - 난 주로 집에서 음악을 듣거든.
  - 솔직히 말해서, 난 발라드, 힙합 등 모든 종류의 음악 듣는 것을 좋아해.
  - 너는?

- 두 번째로, 너는 누구와 시간을 보내?
  - 나 같은 경우는, 주로 내 친구 Chloe를 불러.
  - 그녀는 굉장히 활발하거든

- 알겠어 에바, 나중에 보자.

어휘 및 표현
I heard that you like spending time on vacation at home 휴가 때 집에서 시간을 보낸다고 들었어
I usually listen to music at home 난 주로 집에서 음악을 들어 **how about you?** 너는? **for me** 나같은 경우는
I usually call my friend Chloe 난 주로 내 친구 Chloe를 불러

단순질문 Eva가 좋아하는 공원 관련 **단순질문**

Q29 ———————————————— 🎧 MP3 IL_Q_29

I also enjoy going to the park. Ask me three to four questions about **my favorite park.**

저도 공원에 가는 것을 좋아합니다. **제가 좋아하는 공원**에 대해 3-4가지 질문을 해주세요.

🎧 MP3 IL_A_29

서론
인사말/10%

본론
질문/80%

결론
마무리문장/10%

- **Hi Eva,** I <u>heard</u> that you like *going to the park,* right?

- **Firstly,** why do you like going to the <u>park</u>?
  - Well, I like going to the park because I can <u>release</u> stress.
  - You know, I'm an <u>outgoing</u> and <u>active</u> person.
  - <u>Also</u>, in the park, you can find a <u>huge</u> running track.
  - So, I <u>run</u>.
  - How about <u>you</u>?

- **Secondly,** what <u>else</u> do you do at the park?
  - For me, I <u>usually</u> listen to music.
  - <u>Frankly</u> speaking, I like <u>all</u> kinds of music such as <u>Jazz</u>, hip-hop and so on.

- **Lastly,** who do you <u>usually</u> go to the park with?
  - Well, I <u>usually</u> go to the park with my <u>brother</u>.
  - How about <u>you</u>?

- **Okay Eva,** see you later.

- -

- 안녕 에바, **공원 가는 것을 좋아한다고 들었어. 맞지?**

- 첫 번째로, 공원 가는 것을 좋아하는 이유가 뭐야?
  - 음, 난 스트레스를 풀기 위해서 공원에 가.
  - 있잖아, 난 굉장히 활발하고 활동적인 사람이야.
  - 또한, 공원에는 큰 러닝트랙이 있어.
  - 그래서 난 그곳에서 뛰어.
  - 너는?

- 두 번째로, 공원에도 너는 또 무엇을 하니?
  - 나 같은 경우는, 음악을 들어.
  - 솔직히 말해서, 난 재즈, 힙합 등 모든 종류의 음악을 좋아해.

- 마지막으로, 공원은 누구와 주로 가?
  - 음, 난 주로 내 남동생과 함께 가.
  - 너는?

- 알겠어 에바, 나중에 보자.

어휘 및 표현
I heard that you like going to the park 공원 가는 것을 좋아한다고 들었어   **in the park** 공원에는   **how about you?** 너는?
what else do you do at the park 또 다른 어떤 것들을 해?   **with my brother** 남동생/형과 함께

단순질문 Eva에게 캐나다 거주 관련 **단순질문**

Q30 ───────────────── 🎧 MP3 IL_Q_30

I live in western Canada. Ask me three to four questions about **the geography of my area.**

전 서부 캐나다에 살고 있습니다. **제가 사는 지역의 지리**에 대해서 3-4가지 질문을 해주세요.

────────────────────────── 🎧 MP3 IL_A_30

서론
인사말/10%

- <u>Hi</u> **Eva,** I heard that you *live in Canada,* right?

본론
질문/80%

- <u>Firstly,</u> are there <u>lots</u> of parks in Canada?
  - Well, in <u>Korea</u>, you can find <u>lots</u> of parks.
  - <u>To</u> be honest, parks are <u>so</u> peaceful and so <u>beautiful</u>.
  - How about <u>Canada</u>?

- <u>Secondly,</u> how is the <u>weather</u> in Canada?
  - There are <u>four</u> seasons in <u>Korea</u>.
  - I mean, there are <u>spring</u>, <u>summer</u>, <u>autumn</u> and <u>winter</u> in Korea.
  - As you can <u>imagine</u>, it is <u>very</u> hot in summer and it is <u>very</u> cold in winter.

결론
마무리문장/10%

- <u>Okay</u> **Eva,** see you later.

- -

- 안녕 에바, **캐나다 산다고 들었어. 맞지?**

- 첫 번째로, 캐나다에는 공원이 많아?
  - 음, 한국에는, 공원들이 많이 있어.
  - 솔직히 말해서, 공원들은 너무 평화롭고 아름다워.
  - 캐나다는 어때?

- 두 번째로, 캐나다 날씨는 어때?
  - 한국에는 4계절이 있어.
  - 내 말은, 한국에는 봄, 여름, 가을 그리고 겨울이 있어.
  - 네가 상상하듯, 여름에는 엄청 덥고, 겨울에는 엄청 추워.

- 알겠어 에바, 나중에 보자.

───────────────────────────────────

어휘 및 표현
I heard that you live in Canada 캐나다에 산다고 들었어   **are there lots of parks in Canada** 캐나다에는 많은 공원들이 있어?
in Korea 한국에는   **how about Canada?** 캐나다는 어때?   **there are four seasons in Korea** 한국에는 4계절이 있어
it is very hot in summer 여름에는 엄청 더워   **it is very cold in winter** 겨울에는 엄청 추워

13강

모의고사1

질문 & 모범답안

IL 모의고사 준비

난이도 2 설정 시, 질문은 총 12문제가 출제됩니다.

문항 진행:

| 1 | 2 | 3 | 4 | 5 | 6 | 7 | 8 | 9 | 10 | 11 | 12 |

🎤 Recording...

▶ ▬▬▬▬▬▬▬▬▬▬▬
Click 'PLAY' Button to Listen

NEXT >

1	**2**	**3**	**4**	**5**	**6**	**7**	**8**	**9**	**10**	**11**	**12**
자기소개	묘사	세부묘사	묘사	세부묘사	묘사	세부묘사	묘사	세부묘사	정보요청	묘사	단순질문

모의고사 훈련 순서

1 단계
유형파악

매 문제,
플레이 버튼 클릭 전
유형 파악 필수!

2 단계
문제듣기

키워드 집중해서
문제 듣기!

3 단계
리플레이

문제 듣지 않고
답변 format 준비!

4 단계
답변시작

답변 format대로
자신 있게 답변 시작!

IL 모의고사 1

실제 시험처럼 각 문제의 MP3를 듣고, 훈련을 해보세요.

1번
자기소개

Q31

MP3 IL_Q_31~42

Let's start the **interview** now. Tell me about yourself.

2번
묘사

Q32

Tell me about how you usually **pay your phone bill.** How do you receive the bill?
Do you get the bill at the beginning, middle or end of the month? Tell me about it.

3번
세부묘사

Q33

Who do you talk to on the phone? Mother? Sister? Who else do you talk to?

4번
묘사

Q34

I would like to talk about **where you live.** Can you describe your house to me?
Give me a good description of your house.

5번
세부묘사

Q35

What do you do on the weekend?
Sleep? Read? Name all the things you do on the weekend.

6번
묘사

Q36

Describe **one of the favorite things that people do when they get together**
in the area in which you live. Maybe they throw a party, or they celebrate for something.
Who goes there and what do they do when they are there?

7번
세부묘사

Q37

In your city, **what do people do during celebrations or parties?**
Eat, drink, what else do they do?

8번
묘사

Q38

You indicated in the survey that you **listen to music.** What kinds of music do you
listen to? Who are some of your favorite musicians or composers?

9번
세부묘사

Q39

What days of the week do you listen to music? Monday? What days?

10번
롤플레이

Q40

A friend of you has told you that **a new bar is opening.**
Call your friend and ask three or four questions to find out more about the bar.

11번
묘사

Q41

What kinds of technology do people typically use in your country?
Do people use computers, cell phones and hand-held devices?
What are some common forms of technology that people have?

12번
롤플레이

Q42

I just bought a new laptop computer. Ask me three or four question about
my new computer.

1번(자기소개) 자기소개

Q31 ──────────────────────────────── 🎧 MP3 IL_Q_31

Let's start the **interview** now. Tell me about yourself.

시험을 시작하겠습니다. 본인 소개를 해주세요.

───────────────────────────────────── 🎧 MP3 IL_A_31

서론
시작문장/10%

- Hi Eva, *let me introduce myself.*

본론
단락별 핵심문장/80%

- **First of all,** my name is Jean and I'm Korean.
  - Well, I live in Seoul.

- **Secondly,** in my free time, I usually go to the park.
  - Because the park is so peaceful and so beautiful.

- **Lastly,** I like all kinds of music such as ballad, hip-hop and so on.
  - You know, I like listening to music because I can release stress.

결론
마무리문장/10%

- Well, okay Eva, that's all I can say.

- -

- 안녕 에바, **내 소개**를 해줄게.

- 첫 번째로, 내 이름은 Jean이라고 해. 그리고 난 한국 사람이야.
  - 음, 난 서울에 살고 있어.

- 두 번째로, 한가한 시간에 난 주로 공원에 가.
  - 왜냐하면 공원은 너무 평화롭고 너무 아름답거든.

- 마지막으로, 난 발라드, 힙합 등 모든 종류의 음악을 좋아해.
  - 있잖아, 난 음악 듣는 것을 좋아해, 왜냐하면 스트레스를 풀 수 있거든.

- 음, 오케이 에바, 이 정도면 될 듯해.

─────────────────────────────────────

어휘 및 표현
let me introduce myself 내 소개를 해줄게   **in my free time** 한가한 시간에   **I usually go to the park** 나는 주로 공원에 가
I like listening to music 난 음악 듣는 것을 좋아해

2번(묘사) 전화요금 고지서 수령방법 관련 **묘사**

Q32 ━━━━━━━━━━━━━━━━━━━━━━━━ 🎧 MP3 IL_Q_32

Tell me about how you usually **pay your phone bill.** How do you receive the bill? Do you get the bill at the beginning, middle or end of the month? Tell me about it.

당신이 **전화요금을 지불하는 방법**을 말해주세요. 어떤 방식으로 고지서를 수령하나요? 고지서를 월초, 월중순, 혹은 월말에 수령하나요? 방법에 대해 말해주세요.

━━━━━━━━━━━━━━━━━━━━━━━━━━━━ 🎧 MP3 IL_A_32

서론
시작문장/10%

본론
단락별 핵심문장/80%

결론
마무리문장/10%

- **Okay** Eva, *how I usually pay my phone bill?* Sure, I'm gonna tell you about it.

- **First of all,** I pay my phone bill at the <u>end</u> of the month.
  - I think I pay my phone bill on <u>25</u>th.

- **Secondly,** I go to the <u>bank</u> and pay my <u>phone</u> bill.
  - In my <u>neighborhood</u>, you can find a <u>huge</u> bank.
  - On the <u>second</u> floor, there are lots of <u>ATMs</u>.
  - So, I pay my phone bill <u>there</u>.

- **Um, yeah,** this is about it.

- -

- 오케이 에바, **내가 주로 전화 요금을 지불하는 방법?** 물론이지, 말해 줄게.

- 첫 번째로, 난 월 말에 전화 요금을 지불해.
  - 내 생각엔 난 매월 25일에 지불을 해.

- 두 번째로, 난 은행에 가서 전화 요금을 지불해.
  - 우리 동네에는, 굉장히 큰 은행이 있어.
  - 2층에 가면, 그곳엔 엄청 많은 ATM들이 있어.
  - 그래서, 난 그 곳에서 전화 요금을 지불해.

- 음, 그래, 이 정도인 듯해.

어휘 및 표현
how I usually pay my phone bill 내가 주로 전화요금을 지불하는 방법   I pay my phone bill 난 전화요금을 지불해
at the end of the month 월말에   on 25th 25일에   in my neighborhood 우리 동네에는

3번(세부묘사) 자주 통화하는 사람 **설명**

Q33 ────────────────────────────────── 🎧 MP3 IL_Q_33

Who do you talk to on the phone? Mother? Sister? Who else do you talk to?

주로 누구와 통화를 하나요? 엄마? 누나/여동생? 또 다른 누구와 통화를 하나요?

─────────────────────────────────────── 🎧 MP3 IL_A_33

서론
시작분장/10%

본론
단락별 핵심문장/80%

결론
마무리문장/10%

• Well, *who I talk on the phone?* You know, I call <u>lots</u> of people.

• <u>First</u> of all, I talk to my <u>brother</u> on the <u>phone</u>.
  - You know, we talk about <u>sports</u>.
  - <u>Frankly</u> speaking, we like <u>all</u> kinds of sports such as <u>soccer</u>, basketball and <u>so</u> on.

• <u>Plus,</u> I talk to my friend <u>Susan</u> on the <u>phone</u>.
  - Well, she is an <u>outgoing</u> person, and she likes listening to <u>music</u>.
  - You know, we talk about <u>K</u>-pop.
  - Because K-pop is getting <u>so</u> popular.

• Um, <u>yeah,</u> this is about it.

- -

• 음, **누구와 통화를 하냐고?** 있잖아, 난 많은 사람들과 통화를 해.

• 첫 번째로, 난 내 남동생과 통화를 해.
  - 있잖아, 우린 스포츠에 대해 얘기를 해.
  - 솔직히 말해서, 우린 축구, 농구 등 모든 종류의 운동을 좋아해.

• 추가로, 난 내 친구 Susan과 통화를 해.
  - 음, 그녀는 굉장히 활발한 친구이면서, 그녀는 음악 듣는 것을 좋아해.
  - 있잖아, 우린 케이팝에 대해 통화를 해.
  - 왜냐하면 케이팝은 굉장히 유명해지고 있거든.

• 음, 그래, 이 정도면 된 것 같아.

───────────────────────────────────────

어휘 및 표현
who I talk on the phone? 내가 누구와 통화를 하냐고?　　**I talk to my brother on the phone** 난 내 남동생/형과 통화를 해
we talk about sports 우린 스포츠에 대해 얘기를 해　　**we talk about K-pop** 우린 케이팝에 대해 통화해

4번(묘사) 본인이 거주하는 집 묘사

Q34 ━━━━━━━━━━━━━━━━━━━━━━━━━ 🎧 MP3 IL_Q_34

I would like to talk about **where you live.** Can you describe your house to me? Give me a good description of your house.

당신이 사는 곳에 대해 얘기하고 싶습니다. 당신의 집을 묘사해 주세요. 당신의 집에 대해 상세하게 말해주세요.

━━━━━━━━━━━━━━━━━━━━━━━━━ 🎧 MP3 IL_A_34

서론
시작문장/10%

- Oh <u>yeah</u>, *my <u>house</u>?* You know, I live in a <u>huge</u> house.

본론
단락별 핵심문장/80%

- As you can <u>imagine,</u> on the <u>first</u> floor, there are <u>lots</u> of rooms.
  - You know, there are <u>3</u> bedrooms.
  - And my room is the <u>biggest</u>.

- In <u>addition,</u> on the <u>second</u> floor, there is a <u>huge</u> dining room.
  - You know, I like <u>cooking</u> because I can <u>release</u> stress.
  - <u>Frankly</u> speaking, I like <u>all</u> kinds of food such as <u>pasta</u>, pizza and so on.

- <u>Lastly,</u> in my house, on the <u>top</u> floor, there is a <u>small</u> terrace.
  - You know, I have <u>coffee</u> there every morning.
  - Because the terrace is so <u>peaceful</u>.

결론
마무리문장/10%

- Um, <u>yeah,</u> this is about *my <u>house</u>.*

- -

- 오 예, **우리 집?** 있잖아, 난 굉장히 큰 집에 살아.

- 네가 상상하듯, 1층에는 많은 방들이 있어.
  - 있잖아, 1층엔 3개의 방들이 있어.
  - 그리고 내 방이 가장 커.

- 추가적으로, 2층에는 굉장히 큰 다이닝룸이 있어.
  - 있잖아, 난 요리하는 것을 좋아해, 왜냐하면 스트레스를 풀 수 있거든.
  - 솔직히 말해서, 난 파스타, 피자 등 모든 종류의 음식을 좋아해.

- 마지막으로, 우리 집에는, 꼭대기 층에 조그마한 테라스가 있어.
  - 있잖아, 난 매일 아침 그곳에서 커피를 마셔.
  - 왜냐하면 테라스는 굉장히 평화롭거든.

- 음 그래, 이게 우리 집에 관한 부분이야.

어휘 및 표현
I live in a huge house 난 큰 집에 살아   **my room is the biggest** 내 방이 가장 커   **there is a huge dining room** 큰 다이닝룸이 있어
I like cooking 난 음식하는 것을 좋아해   **there is a small terrace** 조그마한 테라스가 있어   **I have coffee there** 난 그 곳에서 커피를 마셔
every morning 매일 아침

5번(세부묘사) 주말에 집에서 하는 행동 **설명**

Q35
🎧 MP3 IL_Q_35

What do you do on the weekend? Sleep? Read? Name all the things you do on the weekend.

당신은 주말에 무엇을 하나요? 잠을 자나요? 책을 읽나요? 당신이 주말에 하는 모든 일을 말해주세요.

🎧 MP3 IL_A_35

서론
시작문장/10%

본론
단락별 핵심문장/80%

결론
마무리문장/10%

- <u>Okay</u> Eva, *what I do on the <u>weekend</u>?* <u>Sure</u>, I'm gonna tell you about it.

- <u>First</u> of all, I usually call my friend Chloe.
  - <u>Frankly</u> speaking, we like <u>all</u> kinds of <u>music</u> such as hip-hop, <u>Jazz</u> and <u>so</u> on.
  - So, we usually listen to <u>music</u> together.

- <u>Secondly,</u> on the <u>second</u> floor, there is a <u>huge</u> dining room.
  - You know, I like <u>cooking</u> because I can <u>release</u> stress.
  - So I <u>cook</u>.

- <u>Lastly,</u> in my <u>house</u>, on the <u>top</u> floor, there is a <u>small</u> terrace.
  - So, I have coffee there.
  - Because the terrace is so <u>peaceful</u>.

- <u>Alright</u> Eva, this is all I can say.

- -

- 오케이 에바! **내가 주말에 뭘 하냐고?** 물론이지.

- 첫 번째로, 난 내 친구 Chloe를 불러.
  - 솔직히 말해서, 우린 힙합, 재즈 등 모든 종류의 음악을 좋아해.
  - 그래서 우린 주로 함께 음악을 들어.

- 두 번째로, 우리 집 2층에는 큰 다이닝룸이 있어.
  - 있잖아, 난 요리하는 것을 좋아해, 왜냐하면 스트레스를 풀 수 있거든.
  - 그래서 난 요리를 해.

- 마지막으로, 우리 집에는, 꼭대기 층에 조그마한 테라스가 있어.
  - 그래서 난 그곳에서 커피를 마셔.
  - 왜냐하면 테라스는 굉장히 평화롭거든.

- 알겠어 에바, 이 정도면 충분한 것 같아.

어휘 및 표현

what I do on the weekend? 내가 주말에 뭘 하냐고? **I usually call my friend Chole** 난 주로 내 친구 Chloe에게 전화를 해
we listen to music together 우린 함께 음악을 들어 **so I cook** 그래서 난 요리를 해 **so I have coffee there** 그래서 난 그 곳에서 커피를 마셔

6번(묘사) 우리나라 사람들이 모임에서 하는 행동들 묘사

Q36

🎧 MP3 IL_Q_36

Describe **one of the favorite things that people do when they get together** in the area in which you live. Maybe they throw a party, or they celebrate for something. Who goes there and what do they do when they are there?

당신이 사는 지역에 **사람들이 모이면 즐겨하는 행동들 중 하나**를 묘사해 주세요. 아마 그들은 파티를 열거나 무언가를 기념할 것 같습니다. 주로 누가 그 곳에 가며, 무엇을 하며, 언제 가나요?

🎧 MP3 IL_A_36

서론
시작문장/10%

본론
단락별 핵심문장/80%

결론
마무리문장/10%

- Oh <u>yeah</u>, *when they get <u>together</u>?* You know, <u>Koreans</u> love <u>gatherings</u>.

- <u>First</u> of all, they throw a <u>party</u> in the park.
  - Because the park is <u>so</u> peaceful and <u>beautiful</u>.

- <u>Moreover,</u> they <u>work</u> out together.
  - Because they can <u>release</u> stress.

- <u>Lastly,</u> Koreans like <u>all</u> kinds of music such as <u>ballad</u>, hip-hop and so on.
  - So, they <u>usually</u> listen to <u>music</u> together.

- Well, <u>okay</u> Eva, that's <u>all</u> I can say.

- -

- 오 예, **함께 모이면 하는 일?** 있잖아, 한국 사람들은 모임을 좋아해.

- 첫 번째로, 그들은 공원에서 파티를 자주 해.
  - 왜냐하면 공원은 굉장히 평화롭고 아름답거든.

- 게다가, 그들은 함께 운동을 해.
  - 왜냐하면 스트레스를 풀 수 있거든.

- 마지막으로, 한국 사람들은 발라드, 힙합 등 모든 종류의 음악을 좋아해.
  - 그래서 그들은 함께 모이면 음악을 자주 들어.

- 음, 오케이 에바, 이 정도면 충분한 것 같아.

어휘 및 표현
when they get together 그들이 모이면   **Koreans love gatherings** 한국 사람들은 모임을 좋아해   **gathering** 모임
they throw a party 그들은 파티를 열어   **they usually listen to music together** 그들은 주로 함께 음악을 들어

7번(세부묘사) 사람들이 파티, 기념일에 하는 행동들 **설명**

Q37 ───────────────────────── 🎧 MP3 IL_Q_37

In your city, **what do people do during celebrations or parties?** Eat, drink, what else do they do?

당신 도시에서, **사람들은 기념일이나 파티를 할 때 무엇을 하나요?** 음식을 먹거나, 술을 마시나요? 또 어떤 것들을 하나요?

───────────────────────── 🎧 MP3 IL_A_37

서론
시작문장/10%
• Okay Eva, *celebrations or parties?* Sure, I'm gonna tell you about it.

본론
단락별 핵심문장/80%
• To be <u>honest,</u> Koreans have parties in the <u>shopping</u> centers.
  - As you can <u>imagine,</u> there are lots of <u>bars</u>, <u>coffee</u> shops and so on.

• On the <u>first</u> **floor,** there are <u>lots</u> of bars.
  - <u>Frankly</u> speaking, Koreans like <u>all</u> kinds of drinks.
  - They drink a lot because they can <u>release</u> stress.

• <u>Lastly,</u> on the <u>top</u> floor, you can find <u>beautiful</u> coffee shops.
  - So, they drink <u>coffee</u> there.

결론
마무리문장/10%
• Well, <u>okay</u> Eva, that's <u>all</u> I can say.

- -

• 오케이 에바, **기념일이나 파티?** 물론이지, 내가 아는 부분을 말해 줄게.

• 솔직히 말해서, 한국 사람들은 쇼핑몰에서 파티를 열어.
  - 네가 상상하듯, 그곳엔 많은 바와 커피숍들이 있어.

• 1층에는, 많은 바들이 있어.
  - 솔직히 말해서, 한국 사람들은 술을 좋아해.
  - 그들은 술을 많이 마셔, 왜냐하면 스트레스를 풀 수 있거든.

• 마지막으로, 꼭대기 층에는, 예쁜 커피숍들이 많이 있어.
  - 그래서 그들은 그곳에서 커피를 마셔.

• 음, 오케이 에바, 이 정도면 충분한 것 같아.

어휘 및 표현

celebrations or parties 기념일 혹은 파티들   **Koreans have parties** 한국 사람들은 파티를 열어
there are lots of bars, coffee shops and so on 바, 커피숍 등이 있어   **Koreans like all kinds of drinks** 한국 사람들은 술을 좋아해
they drink coffee there 그 곳에서 그들은 커피를 마셔

8번(묘사) 자주 듣는 음악 및 좋아하는 가수 **묘사**

Q38 ─────────────────────── 🎧 MP3 IL_Q_38

You indicated in the survey that you **listen to music.** What kinds of music do you listen to? Who are some of your favorite musicians or composers?

당신은 서베이에서 **음악**을 좋아한다고 했습니다. 어떤 종류의 음악을 듣나요? 좋아하는 뮤지션 혹은 작곡가는 누구인가요?

🎧 MP3 IL_A_38

서론
시작문장/10%

본론
단락별 핵심문장/80%

결론
마무리문장/10%

- Well, _music?_ You know, I got a lot to tell you Eva.

- **Frankly speaking,** I like all kinds of music such as ballad and classical music.
  - So, I go to the park and listen to music.
  - Because the park so peaceful.

- **Also,** I like Mariah Carey.
  - Because she is getting popular.
  - Plus, her songs are great.

- **Um, yeah,** this is about my favorite **music.**

- -

- 음, 음악? 있잖아, 난 이 부분에 대해 할 말이 엄청 많아 에바야.

- 솔직히 말해서, 난 발라드, 클래식 등 모든 종류의 음악을 좋아해.
  - 그래서 난 공원에 가서 음악을 들어.
  - 왜냐하면 공원은 굉장히 평화롭거든.

- 또한, 난 머라이어 캐리를 좋아해.
  - 왜냐하면 그녀는 엄청 유명해지고 있거든.
  - 추가로, 그녀의 노래들은 대단해.

- 음, 그래, 이게 내가 좋아하는 음악이야.

어휘 및 표현
classical music 클래식 음악   I go to the park and listen to music 난 공원에 가서 음악을 들어
I like Mariah Carey 난 머라이어 캐리를 좋아해   her songs are great 그녀의 노래들은 대단해

9번(세부묘사) 음악을 듣는 요일 설명

Q39

MP3 IL_Q_39

What days of the week do you listen to music? Monday? What days?

음악을 듣는 요일은 어떻게 되나요? 월요일? 언제 듣나요?

MP3 IL_A_39

서론
시작문장/10%

- Oh yeah, *what <u>days</u>?* You know, I listen to music <u>everyday</u>.

본론
단락별 핵심문장/80%

- <u>First</u> of all, I listen to <u>ballad</u> on <u>Monday</u>.
  - I go to the <u>park</u> and listen to ballad on <u>Monday</u>.
  - Because the park is <u>so</u> peaceful.

- <u>Secondly,</u> I listen to <u>hip-hop</u> on <u>Friday</u>.
  - I mean, I go to the <u>club</u> and listen to hip-hop on <u>Friday</u>.
  - Because I can <u>release</u> stress.

- <u>Lastly,</u> I listen to <u>K-pop</u> on <u>Sunday</u>.
  - Because they are getting <u>so</u> popular.

결론
마무리문장/10%

- Well, <u>okay</u> Eva, that's <u>all</u> I can say.

- -

- 오 예, **언제 듣는지?** 있잖아, 난 음악을 매일 들어.

- 첫 번째로, 난 월요일에는 발라드를 들어.
  - 월요일에, 난 공원에 가서 발라드를 들어.
  - 왜냐하면 공원은 너무 평화롭거든.

- 두 번째로, 난 금요일에는 힙합을 들어.
  - 내 말은, 금요일에, 난 클럽에 가서 힙합을 들어.
  - 왜냐하면 스트레스를 풀 수 있거든.

- 마지막으로, 난 일요일에 케이팝을 들어.
  - 왜냐하면 케이팝은 엄청 유명해지고 있거든.

- 음, 오케이 에바, 이게 다야.

어휘 및 표현
what days 언제   **I listen to music everyday** 난 매일 음악을 들어   **I listen to ballad on Monday** 난 월요일에 발라드를 들어
I listen to hip-hop on Friday 난 금요일에 힙합을 들어   **I mean** 내 말은   **I go to the club** 난 클럽에 가
I listen to K-pop on Sunday 난 일요일에 케이팝을 들어

10번(롤플레이) 새로 열리는 바 관련 전화하여 **정보요청**

Q40 ───────────────────────────── 🎧 MP3 IL_Q_40

A friend of you has told you that **a new bar is opening.** Call your friend and ask three or four questions to find out more about the bar.

당신의 친구로부터 **새로 오픈하는 바**에 대해서 들었습니다. 친구에게 전화해서 오픈하는 바에 대해서 3-4가지 질문을 하세요.

───────────────────────────── 🎧 MP3 IL_A_40

서론
인사말/10%

- **Hi Jean,** I <u>heard</u> *about a new bar.* Can I ask you something?

본론
질문/80%

- **Firstly,** <u>where</u> is the bar?
  - I <u>heard</u> that it is in the <u>ABC</u> shopping mall.
  - Is it on the <u>top</u> floor?

- **Secondly,** what are the <u>opening</u> hours?
  - Is it <u>24</u> hours?

- **Lastly,** is it <u>always</u> packed with <u>lots</u> of people?
  - <u>Frankly</u> speaking, I like <u>all</u> kinds of drinks.
  - Let's try there this <u>Friday</u>.

결론
마무리문장/10%

- **Alright then,** <u>thanks</u> a lot. See you soon.

- -

- 안녕 Jean, **새로 생긴 bar**에 대해 들었어. 뭐 좀 물어봐도 돼?

- 첫 번째로, bar는 어디에 있어?
  - 내가 듣기론, ABC 쇼핑 안에 있다던데?
  - 꼭대기 층에 있어?

- 두 번째로, 운영시간은 어떻게 돼?
  - 24시간이야?

- 마지막으로, 그곳은 항상 사람들로 붐벼?
  - 솔직히 말해서, 난 모든 종류의 술을 좋아해.
  - 이번 주 금요일에 한번 가보자.

- 알겠어 그럼, 고마워. 곧 보자.

어휘 및 표현
I heard about a new bar 새로운 bar에 대해 들었어   **is it 24 hours?** 24시간이야?   **Let's try there** 가보자   **this Friday** 이번주 금요일

11번(묘사) 우리나라 사람들이 자주 사용하는 전자기기 묘사

Q41

🎧 MP3 IL_Q_41

What kinds of technology do people typically use in your country? Do people use computers, cell phones and hand-held devices? What are some common forms of technology that people have?

당신 나라 사람들은 **일반적으로 어떤 전자기기를 사용**하나요? 컴퓨터를 사용하나요? 핸드폰이나 휴대 가능한 전자기기를 사용하나요? 사람들이 공통적으로 사용하는 전자기기는 무엇인가요?

🎧 MP3 IL_A_41

서론
시작문장/10%

• <u>Okay</u> Eva, *what kinds of <u>technology</u> do people use?* You know, I got a lot to tell you Eva.

본론
단락별 핵심문장/80%

• <u>First</u> of all, people <u>usually</u> use <u>cell</u> phones.
  - <u>Also</u>, I like <u>iPhone</u> because iPhone is getting <u>so</u> popular.

• <u>Secondly,</u> people use <u>MP3</u> players.
  - <u>Frankly</u> speaking, <u>Koreans</u> like <u>all</u> kinds of music.
  - So, they use <u>MP3</u> players and listen to <u>music</u>.

결론
마무리문장/10%

• Um, <u>yeah,</u> this is <u>all</u> I can say about *it.*

- -

• 오케이 에바, **어떤 전자기기를 사람들이 사용하냐고?** 있잖아, 난 해줄 말이 많아 에바야.

• 첫 번째로, 사람들은 주로 핸드폰을 사용해.
  - 또한, 난 아이폰을 좋아해. 왜냐하면 아이폰은 굉장히 유명해지고 있거든.

• 두 번째로, 사람들은 MP3 플레이어를 사용해.
  - 솔직히 말해서, 한국 사람들은 모든 종류의 음악을 좋아해.
  - 그래서 그들은 MP3 플레이어를 사용해서 음악을 들어.

• 음 그래, 이 정도면 충분한 것 같아.

어휘 및 표현

what kinds of technology do people use 사람들이 어떤 전자기기를 사용하냐고?   **people usually use cell phones** 사람들은 주로 핸드폰을 사용해
people use MP3 players 사람들은 MP3 플레이어를 사용해

12번(롤플레이) Eva가 새로 구입한 노트북 관련 **단순질문**

Q42 ──────────────────────────── 🎧 MP3 IL_Q_42

I just bought a new laptop computer. Ask me three or four question about **my new computer.**

저는 새 노트북을 구입했습니다. 저에게 **새로운 노트북**에 대해 3-4가지 질문을 해주세요.

──────────────────────────── 🎧 MP3 IL_A_42

서론
인사말/10%

• **Hi Eva,** I <u>heard</u> that you ***bought a <u>new</u> laptop computer,*** right?

본론
질문/80%

• **Firstly,** <u>why</u> did you buy a new laptop <u>computer</u>?
 - For me, I like listening to <u>music</u> because I can <u>release</u> stress.
 - How about <u>you</u>?

• **Secondly,** how <u>much</u> did you pay?
 - Did you get a <u>discount</u>?

• **Lastly,** I bought a <u>Samsung</u> brand laptop computer.
 - Because Samsung is getting so popular.
 - How about you?

결론
마무리문장/10%

• **Okay Eva,** see you later.

- -

• 안녕 에바, **새로운 노트북을 샀다고 들었어.** 맞지?

• 첫 번째로, 넌 왜 새로운 노트북을 샀어?
 - 나 같은 경우는, 난 음악 듣는 것을 좋아하거든. 왜냐하면 난 스트레스를 풀 수 있거든.
 - 너는?

• 두 번째로, 얼마에 샀어?
 - 할인은 받았어?

• 마지막으로, 난 삼성 노트북을 샀어.
 - 왜냐하면 삼성은 굉장히 유명해지고 있거든.
 - 너는?

• 알겠어 에바야. 나중에 보자.

어휘 및 표현
I heard that you bought a new laptop computer 새로운 노트북을 샀다고 들었어   how about you? 너는?
did you get a discount? 할인은 받았어?   I bought a Samsung brand laptop computer 난 삼성 노트북을 샀어

14강   모의고사2

질문 & 모범답안

IL 모의고사 준비

난이도 2 설정 시, 질문은 총 12문제가 출제됩니다.

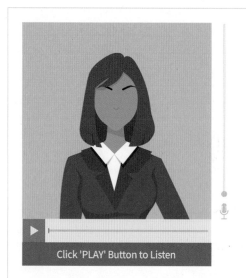

문항 진행:

1 2 3 4 5 6 7 8 9 10 11 12

Recording...

Click 'PLAY' Button to Listen

NEXT >

1	2	3	4	5	6	7	8	9	10	11	12
자기소개	묘사	세부묘사	묘사	세부묘사	묘사	세부묘사	묘사	세부묘사	정보요청	묘사	단순질문

모의고사 훈련 순서

1 단계
유형파악

매 문제,
플레이 버튼 클릭 전
유형 파악 필수!

2 단계
문제듣기

키워드 집중해서
문제 듣기!

3 단계
리플레이

문제 듣지 않고
답변 format 준비!

4 단계
답변시작

답변 format대로
자신 있게 답변 시작!

IL 모의고사 2

실제 시험처럼 각 문제의 MP3를 듣고, 훈련을 해보세요.

1번
자기소개

Q43 ──────────────────────────────── 🎧 MP3 IL_Q_43~54

Let's start the **interview** now. Tell me about yourself.

2번
묘사

Q44 ────────────────────────────────

Please tell me about the **weather** at where you live. What is the weather like **in each season**? **Which season** do you like the most?

3번
세부묘사

Q45 ────────────────────────────────

How is **the weather today** at where you are? Is it cold, is it warm? Talk about today's weather in detail.

4번
묘사

Q46 ────────────────────────────────

What **kind of furniture** do you have at home? Tell me about different types of furniture at home. Please tell me in as much detail as possible.

5번
세부묘사

Q47 ────────────────────────────────

What is your **favorite piece of furniture** at home and **why?**

6번
묘사

Q48 ────────────────────────────────

Describe **a family or a friend** you have. What is he or she like? What is **special** about that person? Give me all the details about that person.

7번
세부묘사

Q49 ────────────────────────────────

Please tell me about your **family**. Do you have **a brother or a sister?**

8번
묘사

Q50 ────────────────────────────────

You indicated in the survey that you go to **parks** with adults. Describe **one of your favorite parks.** Tell me where it is and what it looks like. Describe the park for me.

9번
세부묘사

Q51 ────────────────────────────────

What do you do at the park? Do you inline skate in the park? Do you play baseball in the park? What do you do in the park?

10번
롤플레이

Q52 ────────────────────────────────

I'm going to give you a situation and ask you to act it out. You want to **buy a new cell phone.** Call a store and **ask** three to four questions **about a new cell phone** you want to buy.

11번
묘사

Q53 ────────────────────────────────

You indicated in the survey that you go to **cafes**. What cafes or coffee shops are there in your neighborhood? **Which café do you like to go** to and **why?** Please tell me in detail.

12번
롤플레이

Q54 ────────────────────────────────

I **work at a cafe. Ask** me three or four questions **about the cafe and what I do there.**

1번(자기소개) 자기소개

Q43

Let's start the **interview** now. Tell me about yourself.

시험을 시작하겠습니다. 본인 소개를 해주세요.

서론
시작문장/10%

- <u>Hi</u> Eva, *let me introduce <u>myself</u>.*

본론
단락별 핵심문장/80%

- <u>**First of all**,</u> my name is <u>Jade</u> and I'm <u>Korean</u>.
  - Well, I live in <u>Seoul</u>.

- <u>**Secondly**,</u> in my <u>free</u> time, I <u>usually</u> listen to music.
  - I mean, I like <u>all</u> kinds of music such as <u>classic</u>, jazz, and so on.

- <u>**Lastly**,</u> I like <u>traveling</u> because I can <u>release</u> stress.
  - You know, Hawaii is my <u>favorite</u> place.

결론
마무리문장/10%

- Well, <u>**okay**</u> Eva, that's <u>all</u> I can say.

- -

- 안녕 에바, **내 소개**를 해줄게.

- 첫 번째로, 내 이름은 Jade라고 해. 그리고 난 한국 사람이야.
  - 음, 난 서울에 살고 있어.

- 두 번째로, 한가한 시간에 난 음악을 들어.
  - 내 말은, 난 클래식, 재즈 등 모든 종류의 음악을 좋아해.

- 마지막으로, 난 스트레스를 풀 수 있어서 여행하는 것을 좋아해.
  - 있잖아, 하와이가 내가 가장 좋아하는 곳이야.

- 음, 오케이 에바, 이 정도면 될 듯해.

어휘 및 표현
let me introduce myself 내 소개를 해줄게   **in my free time** 한가한 시간에   **I usually listen to music** 나는 주로 음악을 들어
Hawaii is my favorite place 하와이가 내가 좋아하는 곳이야

2번(묘사) 한국의 날씨 묘사

Q44

🎧 MP3 IL_Q_44

Please tell me about the **weather** at where you live. What is the weather like **in each season**?
Which season do you like the most?

당신이 살고 있는 곳에 **날씨**에 대해 말해주세요. **각 계절**의 날씨는 어떤가요?
어떤 계절을 가장 좋아하시나요?

🎧 MP3 IL_A_44

• Oh yeah, *weather* and *seasons* in Korea? You know, I love summer.

• First of all, there are four seasons in Korea.
  - I mean, there are spring, summer, autumn and winter in Korea.

• As you can imagine, it is very hot in summer.
  - Frankly speaking, I like summer because I like all kinds of water sports.
  - You know, I like swimming, snorkeling, diving and so on.

• In addition, it is very cold in winter. I don't like it.
  - Well, it is warm in spring and fall.
  - Plus, there are lots of trees and flowers. It's so beautiful!

• Well, okay Eva, that's all I can say about *the weather and seasons in my country.*

- -

• 아, **한국의 날씨와 계절?** 있잖아, 난 여름을 좋아해.

• 첫 번째로, 한국에는 4계절이 있어.
  - 내 말은, 봄, 여름, 가을, 그리고 겨울이 있어.

• 네가 상상하듯,
  - 솔직히 말해서, 난 여름 스포츠를 즐길 수 있기 때문에 여름을 좋아해.
  - 있잖아, 난 수영, 스노쿨링, 다이빙 등을 좋아하거든.

• 추가로, 겨울은 엄청 추워. 난 별로 좋아하지 않아.
  - 글쎄, 봄과 가을은 따뜻해.
  - 추가로, 나무와 꽃들이 많아서 아름다워.

• 음, 오케이 에바, 이 정도가 **우리나라의 날씨와 계절**이야.

어휘 및 표현
there are four seasons in Korea 한국에는 4계절이 있어   I like swimming, snorkeling, diving and so on 난 수영, 스노쿨링, 다이빙을 좋아해
it is warm in spring and fall 봄과 가을은 따뜻해

3번(세부묘사) 본인이 있는 곳의 현재 날씨 **설명**

Q45 ────────────────────────────── 🎧 MP3 IL_Q_45

How is **the weather today** at where you are? Is it cold, is it warm? Talk about today's weather in detail.

당신이 지금 있는 곳에 오늘의 날씨는 어떤가요? 추운가요, 따뜻한가요? 오늘의 날씨에 대해 자세히 말해보세**요.**

──────────────────────────────────── 🎧 MP3 IL_A_45

서론
시작문장/10%

- <u>Okay</u> Eva, *the weather <u>today</u>?* Sure!

본론
단락별 핵심문장/80%

- **As you can <u>imagine</u>,** it is winter in <u>Korea</u>.
  - So, the weather today is <u>very</u> cold.

- **But,** it is <u>so</u> beautiful because there's <u>lots</u> of snow.
  - I want to go snowboarding this weekend.
  - To be <u>honest</u>, the ski resorts are <u>packed</u> with <u>lots</u> of people.
  - But, I love snowboarding!

결론
마무리문장/10%

- Um, <u>yeah,</u> this is about *the <u>weather today.</u>*

- -

- 오케이 에바, **오늘 날씨?** 알겠어.

- 네가 상상하듯, 지금 한국은 겨울이야.
  - 그래서 오늘 날씨는 너무 추워.

- 하지만, 눈이 너무 많이 내려서 정말 아름다워.
  - 난 이번 주말에 스노우보딩을 가고 싶어.
  - 솔직히 말해서, 스키장은 많은 사람들로 붐벼.
  - 하지만 난 스노우보딩을 좋아해!

- 음, 그래, 이게 **오늘의 날씨**야.

어휘 및 표현
I want to go snowboarding 스노우보딩 가고 싶어   **the ski resort** 스키장

4번(묘사) 집에 있는 가구 묘사

Q46
🎧 MP3 IL_Q_46

What **kind of furniture** do you have at home? Tell me about different types of furniture at home. Please tell me in as much detail as possible.

당신의 집에는 **어떤 가구**가 있나요? 당신 집에 있는 가구에 대해 최대한 자세히 말해보세요.

🎧 MP3 IL_A_46

서론
시작문장/10%

- Okay Eva, *furniture?* <u>Sure</u>, I got it.

본론
단락별 핵심문장/80%

- <u>First</u> of all, I have <u>all</u> kinds of furniture.
  - In my bedroom, there is a <u>bed</u>.
  - I can <u>sleep</u> and <u>relax</u> in my bed.

- <u>Also,</u> there are <u>lots</u> of chairs in the <u>kitchen</u>.
  - You know, I have a <u>big</u> family.

- <u>Lastly,</u> there is a <u>couch</u> in the living room.
  - I like watching TV there because I can <u>release</u> stress.
  - <u>Plus,</u> it's <u>very</u> comfy!

결론
마무리문장/10%

- Well, <u>okay</u> Eva, that's <u>all</u> I can say.

- 오케이 **가구?** 물론이지, 알겠어.

- 첫 번째로, 난 모든 종류의 가구들을 가지고 있어.
  - 내 침실에는 침대가 있어.
  - 난 침대에서 잘 수도 있고 쉴 수도 있어.

- 또한, 주방에는 많은 의자들이 있어.
  - 있잖아, 우린 대가족이거든.

- 마지막으로, 거실에는 소파가 있어.
  - 난 스트레스를 풀 수 있기 때문에 TV 보는 것을 좋아해.
  - 게다가, 소파는 너무 편안해.

- 음, 오케이 에바, 이게 다야.

어휘 및 표현
I have all kinds of furniture 난 모든 종류의 가구들을 가지고 있어   **I can sleep and relax** 난 잘 수도 있고 쉴 수도 있어
I have a big family 우린 대가족이야   **there is a couch in the living room** 거실에는 소파가 있어   **it's very comfy!** 굉장히 편해

5번(세부묘사) 가장 좋아하는 가구 **설명**

Q47

🎧 MP3 IL_Q_47

What is your **favorite piece of furniture** at home and **why?**

당신이 집에서 가장 **좋아하는 가구**는 무엇이며 **이유**는 무엇인가요?

🎧 MP3 IL_A_47

서론
시작문장/10%

- Oh <u>yeah</u>, *my favorite furniture?* You know, I love my <u>couch</u>!

본론
단락별 핵심문장/80%

- **Like I said,** I have <u>all</u> kinds of <u>furniture</u>.
  - In my <u>bedroom</u>, there is a <u>bed</u>.
    - Also, I have <u>chairs</u>, <u>tables</u>, and so on.

- **Well,** my <u>favorite</u> furniture is my <u>couch</u>!
  - As you can <u>imagine</u>, there is a couch in the <u>living</u> room.
  - I like my couch because it is <u>very</u> comfy.
  - <u>Also</u>, I like listening to <u>music</u> there.
  - It's <u>so</u> beautiful and <u>cozy</u>!

결론
마무리문장/10%

- **Well, <u>okay</u> Eva,** that's <u>all</u> I can say.

- 아, **내가 좋아하는 가구?** 있잖아, 난 소파를 좋아해.

- 내가 말했듯이, 난 모든 종류의 가구들을 가지고 있어.
  - 내 침실에는 침대가 있어.
  - 또한, 난 의자, 테이블도 있어.

- 음, 내가 가장 좋아하는 가구는 소파야.
  - 네가 상상하듯, 거실에는 소파가 있어.
  - 너무 편해서 난 소파가 좋아.
  - 또한, 난 그곳에 앉아서 음악 듣는 것을 좋아해.
  - 너무 예쁘고 아늑해.

- 음, 오케이 에바, 이게 다야.

어휘 및 표현
like I said, 내가 말했듯이   **I like listening to music there** 난 그곳에 앉아 음악 듣는 것을 좋아해   **it's so beautiful and cozy** 너무 예쁘고 아늑해

6번(묘사) 가족/친구 **묘사**

Q48 ──────────────────────────── 🎧 MP3 IL_Q_48

Describe **a family or a friend** you have. What is he or she like? What is **special** about that person?
Give me all the details about that person.

당신의 **가족이나 친구**를 묘사해보세요. 그 혹은 그녀는 어떤 사람인가요? 그 사람의 **특별한 점**은 무엇인가요?
자세히 묘사해보세요.

🎧 MP3 IL_A_48

서론
시작문장/10%

- **Okay** Eva, *my friend?* Sure, I'm gonna tell you about my friend <u>John</u>.

본론
단락별 핵심문장/80%

- **Actually,** I like my friend because he is an <u>outgoing</u> person.
  - You know, he is <u>very</u> funny and he's so <u>popular</u>.

- In **addition,** he loves <u>sports</u>.
  - So, we play <u>soccer</u>, <u>tennis</u>, <u>basketball</u> together.

- **Lastly,** we have <u>coffee</u> together.
  - You know, we go to <u>ABC</u> café together.
  - Because you can find a <u>beautiful</u> garden there.
  - We can <u>release</u> stress with <u>good</u> coffee.

결론
마무리문장/10%

- Well, <u>okay</u> Eva, that's <u>all</u> I can say *about my* <u>*friend.*</u>

- -

- 오케이 에바, **내 친구?** 물론이지, 내 친구 John에 대해 말해줄게.

- 사실상, 난 John이 굉장히 외향적이어서 좋아.
  - 있잖아, 그는 굉장히 재미있어서 인기가 많아.

- 추가로, 그는 운동을 좋아해.
  - 그래서, 우린 축구, 테니스, 농구를 함께 해.

- 마지막으로, 우린 커피를 함께 마셔.
  - 있잖아, 우린 ABC 커피숍을 함께 가.
  - 왜냐하면, 그곳에는 예쁜 정원이 있거든.
  - 우린 좋은 커피와 함께 스트레스를 풀 수 있어.

- 음, 오케이 에바, 이게 **내 친구에 대한 부분**이야.

어휘 및 표현
he is very funny 그는 재미있어   **he loves sports** 그는 운동을 좋아해   **we have coffee together** 우린 커피를 함께 마셔
we can release stress with good coffee 우린 좋은 커피를 마시며 스트레스를 풀어

7번(세부묘사) 가족 구성원 설명

Q49

🎧 MP3 IL_Q_49

Please tell me about your **family**. Do you have **a brother** or **a sister**?

당신의 **가족 구성원**에 대해 말해보세요. **형제나 자매**가 있나요?

🎧 MP3 IL_A_49

서론
시작문장/10%

- Well, *my family?* Sure, I got a <u>lot</u> to tell you!

본론
단락별 핵심문장/80%

- **First of all,** I have one <u>sister</u> and one <u>brother</u>.
  - They are my <u>best</u> friends!

- **Well,** my sister is an <u>outgoing</u> person.
  - She is <u>so</u> popular because she is <u>very</u> kind and <u>pretty</u>.

- <u>Moreover,</u> my brother likes <u>all</u> kinds of sports such as <u>soccer</u>, <u>tennis</u>, basketball, and so on.
  - So, I go to the <u>park</u> and work out with my <u>brother</u>.
  - Because I can <u>release</u> stress.

결론
마무리문장/10%

- Um, <u>yeah,</u> this is about *my <u>brother</u> and my <u>sister</u>*.

- -

- 음, **우리 가족?** 알겠어 말해줄게.

- 첫 번째로, 난 누나와 형이 있어.
  - 그들은 나의 가장 친한 친구들이야.

- 음, 우리 누나는 굉장히 외향적이야.
  - 그녀는 엄청 친절하고 예쁘기 때문에 인기가 많아.

- 게다가, 우리 형은 축구, 테니스, 농구와 같은 운동을 좋아해.
  - 그래서, 난 형과 함께 공원에 가서 운동을 해.
  - 왜냐하면, 스트레스를 풀 수 있거든.

- 음, 그래, 이게 **우리 형과 누나**에 대한 부분이야.

어휘 및 표현

I have one sister and one brother 난 누나와 형이 있어   they are my best friends 그들은 나의 가장 친한 친구들이야
she is very kind and pretty 그녀는 착하고 예뻐   I go to the park and work out with my brother 난 형과 함께 공원에 가서 운동을 해

8번(묘사) 자주 가는 공원 **묘사**

Q50 ────────────────────────────────

🎧 MP3 IL_Q_50

You indicated in the survey that you go to **parks** with adults. Describe **one of your favorite parks.**
Tell me where it is and what it looks like. Describe the park for me.

당신은 어른들과 **공원**에 간다고 했습니다. 당신이 **가장 좋아하는 공원 중 하나**를 묘사해보세요. 어디에 있고 어떻게 생겼는지 저에게 묘사해 주세요.

🎧 MP3 IL_A_50

서론
시작문장/10%

본론
단락별 핵심문장/80%

결론
마무리문장/10%

• <u>**Okay**</u> Eva, *the <u>park</u>?* Sure, I'm gonna tell you about the <u>park</u>.

• <u>**First**</u> of all, my <u>favorite</u> park is <u>Lake</u> park.
  - <u>Actually</u>, you can find <u>many</u> flowers and <u>trees</u>.
  - You know, it is <u>so</u> peaceful and so <u>beautiful</u>.

• <u>**Moreover,**</u> there is a <u>huge</u> running track.
  - <u>Also</u>, I like running there because I can <u>release</u> stress.

• <u>**Lastly,**</u> there are <u>lots</u> of people.
  - I mean, people go to the park to play <u>sports</u>.

• **Well, okay** Eva, that's <u>all</u> I can say about the ***park.***

- -

• 오케이 에바, **공원?** 알겠어, 공원에 대해서 말해줄게.

• 첫 번째로, 내가 좋아하는 공원은 호수 공원이야.
  - 사실, 그곳에서 넌 많은 꽃들과 나무들을 볼 수 있어.
  - 있잖아, 그곳은 너무 평화롭고 아름다워.

• 게다가, 그곳에는 큰 러닝트랙이 있어.
  - 또한, 스트레스를 풀 수 있기 때문에 뛰는 것을 좋아해.

• 마지막으로, 그곳에는 많은 사람들이 있어.
  - 내 말은, 사람들은 운동을 하러 공원에 와.

• 음, 오케이 에바, 이게 내가 좋아하는 **공원**에 대한 얘기야.

어휘 및 표현
my favorite park is Lake park 내가 좋아하는 공원은 호수공원이야   **you can find many flowers and trees** 많은 꽃들과 나무들을 볼 수 있어
I like running 난 뛰는 것을 좋아해   **people go to the park to play sports** 사람들은 운동을 하러 공원에 가

9번(세부묘사) 공원에서 하는 활동 **설명**

Q51

What do you do at the park? Do you inline skate in the park? Do you play baseball in the park? What do you do in the park?

당신은 **공원에서 무엇을** 하시나요? 인라인 스케이트를 타나요? 야구를 하나요? 공원에서 무엇을 하나요?

서론
시작문장/10%

- Well, *what I do at the park?* You know, I got a <u>lot</u> to tell you Eva.

본론
단락별 핵심문장/80%

- **As you can <u>imagine</u>,** I <u>run</u> at the park.
  - <u>Actually</u>, you can find a <u>huge</u> running track.
  - You know, I like running because I can <u>release</u> stress.

- <u>**Secondly,**</u> I just <u>relax</u> there.
  - You know, you can find a <u>beautiful</u> garden and a <u>coffee</u> shop there.
  - Yeah, so I drink <u>coffee</u> and relax.

- <u>**Lastly,**</u> I read books there.
  - Because the park is <u>very</u> quiet and so <u>peaceful</u>.

결론
마무리문장/10%

- <u>**Alright** Eva,</u> this is <u>all</u> I can say.

- -

- **음, 내가 공원에서 무엇을 하냐고?** 있잖아, 할 말이 많아 에바야.

- 네가 상상하듯, 난 공원에서 뛰어.
  - 사실, 그곳에는 큰 러닝트랙이 있어.
  - 있잖아, 난 스트레스를 풀 수 있어서 뛰는 것을 좋아해.

- 두 번째로, 난 그곳에서 그냥 쉬어.
  - 있잖아, 그곳에는 예쁜 정원과 커피숍이 있어.
  - 맞아, 난 거기서 커피도 마시고 쉬기도 해.

- 마지막으로, 난 그곳에서 책도 읽어.
  - 왜냐하면 공원은 굉장히 조용하고 평화롭거든.

- 알겠어 에바, 이게 다야.

어휘 및 표현
I run at the park 난 공원에서 뛴다   **I drink coffee and relax** 난 커피도 마시고 쉬어   **I read books there** 그곳에서 책을 읽어

10번(롤플레이) 새 휴대폰 구매 관련 **정보요청**

Q52 🎧 MP3 IL_Q_52

I'm going to give you a situation and ask you to act it out. You want to **buy a new cell phone**. **Call a store** and **ask** three to four questions **about a new cell phone** you want to buy.

주어지는 상황에 연기를 해보세요. 당신은 **새 휴대폰을 사고 싶습니다.** **상점**에 **전화**해서 당신이 사고 싶은 **새 휴대폰에 대해** 3-4가지 **질문**해 보세요.

🎧 MP3 IL_A_52

서론
인사말/10%

- <u>Hi</u> there, *I want to buy a <u>new</u> cell <u>phone</u>.* Can I <u>ask</u> you something?

본론
질문/80%

- <u>Firstly,</u> <u>where</u> is the cell phone <u>store</u>?
  - I <u>heard</u> that it is in the OPIc <u>shopping</u> mall.
  - Is it on the <u>first</u> floor?

- <u>Secondly,</u> <u>how</u> much do I pay for the <u>new</u> iPhone?
  - Can I get a <u>discount</u>?

- <u>Lastly,</u> when do you <u>open</u>?
  - Do you open on <u>Saturday</u>?

결론
마무리문장/10%

- <u>Alright then,</u> <u>thanks</u> a lot. See you soon.

- -

- 안녕하세요, **전 새 핸드폰을 사고 싶어요.** 뭐 좀 물어봐도 돼요?

- 첫 번째로, 매장은 어디에 있나요?
  - 제가 듣기론, 오픽 쇼핑몰 안에 있다고 들었어요.
  - 1층에 있나요?

- 두 번째로, 새 아이폰은 얼마인가요?
  - 할인을 받을 수 있을까요?

- 마지막으로, 언제 오픈하세요?
  - 토요일도 오픈하시나요?

- 알겠습니다. 감사해요. 곧 볼게요.

어휘 및 표현
I want to buy a new cell phone 새 핸드폰을 사고 싶어요   **can I get a discount?** 할인을 받을 수 있을까요?   **when do you open?** 언제 오픈하세요?
do you open on Saturday? 토요일도 오픈하시나요?

11번(묘사) 자주 가는 카페 묘사

Q53

You indicated in the survey that you go to **cafes.** What cafes or coffee shops are there in your neighborhood? **Which café do you like to go** to and **why?** Please tell me in detail.

당신은 **카페**에 간다고 했습니다. 어떤 카페나 커피숍이 동네에 있나요? **어떤 카페를 가는 것을 좋아하며 왜** 그 카페를 좋아하나요? 자세히 말해주세요.

서론
시작문장/10%

본론
단락별 핵심문장/80%

결론
마무리문장/10%

- <u>Okay</u> Eva, _**coffee shop?**_ You know, I got a <u>lot</u> to tell you!

- <u>Frankly</u> speaking, I love <u>all</u> kinds of coffee such as <u>Americano</u>, latte, cappuccino and so on.
  - So, I go to a coffee shop a <u>lot</u>.

- <u>Actually,</u> my <u>favorite</u> coffee shop is <u>ABC</u> café.
  - It's next to my house. I mean, it's <u>very</u> close.
  - I like to go there because it's <u>so</u> cozy and <u>beautiful</u>.

- To be <u>honest,</u> ABC café's coffee is <u>so</u> good. <u>Amazing</u>!
  - So, it's <u>always</u> packed with <u>lots</u> of people.

- Um, <u>yeah,</u> this is about _**the coffee shop.**_

- 오케이 에바, **커피숍?** 있잖아, 내가 할 말이 많아.

- 솔직히 말해서, 난 아메리카노, 라테, 카푸치노 등 모든 종류의 커피를 좋아해.
  - 그래서 난 자주 커피숍에 가.

- 사실, ABC 커피숍이 내가 가장 좋아하는 커피숍이야.
  - 우리 집 바로 옆에 있거든. 내 말은, 엄청 가까워.
  - 너무 아늑하고 아름다워서 난 그곳을 가는 것을 좋아해.

- 솔직히 말해서, ABC 커피숍의 커피는 너무 맛있어. 환상이야!
  - 그래서, 항상 많은 사람들로 붐벼.

- 음 그래, 이게 내가 좋아하는 **커피숍**에 대해서야.

어휘 및 표현

I go to a coffee shop a lot 난 커피숍을 자주 가   **I like to go there** 난 그곳에 가는 것을 좋아해   **ABC coffee is so good ABC** 커피는 너무 맛있어

12번(롤플레이) Eva가 일하는 카페 관련 **단순질문**

Q54 ━━━━━━━━━━━━━━━━━━━━━━━━━━━━ 🎧 MP3 IL_Q_54

I **work at a cafe. Ask** me three or four questions **about the cafe and what I do there.**

저는 **카페에서 일을 합니다.** 저에게 **카페에 대한 것**과 **제가 무엇을 하는지**에 대해 3-4가지 **질문**해보세요.

━━━━━━━━━━━━━━━━━━━━━━━━━━━━━━━━━━━━━ 🎧 MP3 IL_A_54

서론
인사말/10%

• **Hi Eva,** I heard that you ***work at the cafe,*** right?

본론
질문/80%

• **Firstly,** when do you work at the café?
  - Well, do you work on the weekend?
  - I'd love to visit you!

• **Secondly,** who do you work at the café with?
  - I heard that you work with Jason, right?
  - Well, I like him because he is an outgoing person.

• **Lastly,** why do you work at the café?
  - Maybe, you love coffee. Is that right?

결론
마무리문장/10%

• **Okay Eva,** see you later.

- -

• 안녕 에바, **커피숍에서 일한다고** 들었는데, 맞지?

• 첫 번째로, 언제 일해?
  - 음, 주말에 일해?
  - 꼭 방문하고 싶어!

• 두 번째로, 누구와 함께 일해?
  - Jason과 함께 일한다고 들었는데, 맞아?
  - 음, 난 Jason이 외향적이어서 좋아.

• 마지막으로, 왜 커피숍에서 일을 해?
  - 아마 넌 커피를 좋아하니까 일하는 거야. 맞지?

• 오케이 에바, 나중에 보자.

어휘 및 표현
I heard that you work at the café 커피숍에서 일한다고 들었어   **I'd love to visit you** 방문하고 싶어!
why do you work at the café? 왜 커피숍에서 일해?   **maybe you love coffee** 아마 넌 커피를 좋아할거야

15강 　시험 전 정리

시험 전 정리

시험 준비

시험 화면

시험 준비

실제 시험과 같은 순서로 준비하였습니다.

1. 첫 화면

2. Background Survey

1. 어느 분야에 종사하고 계십니까?
   - ■ 일 경험 없음

2. 학생이십니까?
   - ■ 아니오
   - ■ 수강 후 5년 이상 지남

3. 어디에서 살고 계십니까?
   - ■ 개인 주택이나 아파트에 홀로 거주

4. 여가 활동으로 무엇을 하십니까?
   - ■ 콘서트 보기 ■ 공원 가기 ■ 해변 가기
   - ■ 술집/바에 가기 ■ 카페/커피전문점 가기 ■ 쇼핑하기

5. 취미나 관심사는 무엇입니까?
   - ■ 음악 감상하기

6. 주로 어떤 운동을 즐기십니까?
   - ■ 조깅 ■ 걷기

7. 어떤 휴가나 출장을 다녀온 경험이 있습니까?
   - ■ 집에서 보내는 휴가 ■ 국내 여행 ■ 해외 여행

3. Self Assessment

희망 등급	난이도
IL	**난이도 1** 나는 10단어 이하의 단어로 말할 수 있습니다. **난이도 2** 나는 기본적인 물건, 색깔, 요일, 음식, 의류, 숫자 등을 말할 수 있습니다. 나는 항상 완벽한 문장을 구사하지 못하고 간단한 질문도 하기 어렵습니다.
IM1	**난이도 3** 나는 나 자신, 직장, 친한 사람과 장소, 일상에 대한 기본적인 정보를 간단한 문장으로 전달할 수 있습니다. 간단한 질문을 할 수 있습니다.
IM2	**난이도 4** 나는 나 자신, 일상, 일/학교와 취미에 대해 간단한 대화를 할 수 있습니다. 나는 이 친근한 주제와 일상에 대해 쉽게 간단한 문장들을 만들 수 있습니다. 나는 또한 내가 원하는 질문도 할 수 있습니다.
IM3 – AL	**난이도 5** 나는 친근한 주제와 가정, 일, 학교, 개인과 사회적 관심사에 대해 자신 있게 대화할 수 있습니다. 나는 일어난 일과 일어나고 있는 일, 일어날 일에 대해 합리적으로 자신 있게 말할 수 있습니다. 필요한 경우 설명도 할 수 있습니다. 일상 생활에서 예기치 못한 상황이 발생하더라도 임기응변으로 대처할 수 있습니다. **난이도 6** 나는 개인적, 사회적 또는 전문적 주제에 나의 의견을 제시하며 토론할 수 있습니다. 나는 다양하고 어려운 주제에 대해 정확하고 다양한 어휘를 사용하여 자세히 설명할 수 있습니다.

4. Pre-Test Setup

5. 시험 시작!

시험 화면(12개 문제 준비)

실제 시험 화면과 비슷한 이미지로 구성하였습니다.

12개 문제의 'Play' 버튼 클릭 전 유형, 답변 Format 생각 정리

A. 준비시간 – 20초

(매 문제마다 'play' 버튼 클릭 전 20초간 문제의 유형,
답변 Format을 생각하는 시간을 가집니다.)

B. 답변 시간 – 30초 ~ 1분

(답변 시간이 중요하진 않지만 적어도 30초,
최대 1분간 답변 Format을 생각하시며 답변하시기 바랍니다.)

1번 – 자기소개
흔히 스피킹 시험의 첫 번째 문제는 긴장하여 망칠 확률이
높으므로 굳이 자기소개를 위한 스크립트 준비는 필요가 없습니다.
다만 배운 문장들을 토대로 즉흥적으로 답변합니다.

2번 – 묘사
묘사 유형임을 인지하고 'Play' 버튼 클릭 전,
3가지 묘사 종류를 생각합니다. 답변 Format을 생각하거나
시작문장의 연습을 해도 괜찮습니다.

3번 – 세부묘사
2번에서 이미 주제를 알았기에 세부묘사의 준비는
해당 주제와 관련된 묘사 문장을 생각합니다.

4번 – 묘사
다시 새로운 주제의 묘사 유형입니다.
마찬가지로 'Play' 버튼 클릭 전 묘사 종류를 생각합니다.

5번 – 세부묘사
4번에서 이미 주제를 알았기에 세부 묘사의 준비는
해당 주제와 관련된 묘사 문장을 생각합니다.

6번 – 묘사
다시 새로운 주제의 묘사 유형입니다. 마찬가지로
'Play' 버튼 클릭 전 묘사 종류를 생각합니다.

7번 – 세부묘사
6번에서 이미 주제를 알았기에 세부 묘사의 준비는
해당 주제와 관련된 묘사 문장을 생각합니다.

8번 – 묘사
다시 새로운 주제의 묘사 유형입니다. 마찬가지로
'Play' 버튼 클릭 전 묘사 종류를 생각합니다.

9번 – 세부묘사
8번에서 이미 주제를 알았기에 세부 묘사의 준비는
해당 주제와 관련된 묘사 문장을 생각합니다.

10번 – 정보요청 롤플레이
인사말 – 질문 – 마무리문장의 Format을 잘 생각한 후,
'Play' 버튼 클릭 후, 문제의 키워드를 잘 캐치합니다.

11번 – 묘사
다시 새로운 주제의 묘사 유형입니다. 마찬가지로
'Play' 버튼 클릭 전 묘사 종류를 생각합니다.

12번 – 단순질문 롤플레이
에바에게 질문하는 롤플레이로 'Play' 버튼 클릭 후,
문제의 키워드를 잘 캐치합니다.
필히 물어본 주제에 대한 질문을 먼저 해줍니다.

APPENDIX

진짜녀석들 OPIc IL MP3 질문 리스트
진짜녀석들 OPIc IL 암기 문장 리스트
진짜녀석들 OPIc IL 어휘 및 표현 리스트

진짜녀석들 OPIc IL MP3 질문 리스트(유형)

묘사 질문 MP3

🎧 MP3 IL_Q_1~16

장소 묘사

장소1 - 개방

You indicated in the survey that you go to **parks with adults.** Describe one of your favorite parks. Tell me where it is and what it looks like. Describe the park for me.

What do you do at the park? Do you inline skate in the park? Do you play baseball in the park? What do you do in the park?

장소2 - 독립

I would like to talk about **where you live.** Can you describe your house to me? Give me a good description of your house.

What is your **home address?**

장소3 - 독립

Tell me about **a pub or a bar** you've visited in another city or in a part of your city. What does it look like?

How do people get to bars in your town? Perhaps they drive. How else can they get to the bars?

일반적 묘사

일반4 - 사물

Tell me about **the food in your country.** What are some typical dishes?

What **foods** do you see **in a grocery store?** Apples? Cereals? What other things?

일반5 - 사물

Tell me about **what you do when you use your phone.** Do you usually talk to people? Do you send text messages or take pictures? What else do you do? Tell me all the details about how you usually use your phone.

Who do you talk to on the phone? Mother? Cousin? Name all the people you talk to on the phone.

일반6 - 사물

Tell me about **the money in your country.** What do the bills and coins look like in your country?

What things are there inside the bank? Desks, money, what other things?

일반7 - 인물

Describe **a family or a friend** you have. What is he or she like? What is special about that person? Give me all the details about that person.

Please tell me about **your family.** Do you have a brother or a sister?

일반8 - 상황

Please tell me about **the weather at where you live.** What is the weather like in each season? Which season do you like the most?

How is the weather today at where you are? Is it cold, is it warm? Talk about today's weather in detail.

진짜녀석들 OPIc IL MP3 질문 리스트(유형)

롤플레이 질문 MP3

🎧 MP3 IL_Q_17~30

정보요청
10번

병원예약 관련

I would like to give you a situation and ask you to act it out. **You need to make an appointment with your doctor.** Call the office and describe what you need. Then ask three or four questions to find out **when the doctor is available.**

티켓구매 관련

I'm going to give you a situation and ask you to act it out. You want to **order some concert tickets** on the phone. Call the ticket office and ask some questions in order to buy tickets.

핸드폰구매 관련

I'm going to give you a situation and ask you to act it out. You want to **buy a new cell phone.** Call a store and ask three to four questions about a new cell phone you want to buy.

파티초대 관련

I'm going to give you a situation and ask you to act it out. You are **invited to a party** from your friend. Call your friend and ask some questions to know more about the party.

해변방문 관련

I'm going to give you a situation and ask you to act it out. Your friend wants to **go to the beach** with you. Call your friend and ask three to four questions about going to the beach.

호텔예약 관련

I'm going to give you a situation and ask you to act it out. You would like to **book a hotel for your trip.** Call a hotel and ask three or four questions to know more about that hotel.

구매상품 관련

I'd like to give you a situation and ask you to act it out. You need to **buy several pieces of clothing.** Tell the salesperson at the store what you are looking for. Then ask three or four questions to find out what you need to know about the clothes in the store.

- -

단순질문
12번

오케스트라 연주 관련

I play the violin in an orchestra. Ask me three or four question to find out more about **my violin playing.**

국내여행 관련

I also enjoy traveling around my country. Ask me three to four questions about **why I like traveling around my country.**

조깅 관련

I also enjoy jogging. Ask me three to four questions about **why I like to jog.**

거주지 관련

Ask me three or four questions to learn everything you can about **where I live.**

휴가행동 관련

I also enjoy spending time at home during my vacation. Ask me three to four questions about **what I usually do when I spend time on vacation at home.**

공원 관련

I also enjoy going to the park. Ask me three to four questions about **my favorite park.**

캐나다거주 관련

I live in western Canada. Ask me three to four questions about **the geography of my area.**

진짜녀석들 OPIc IL MP3 질문 리스트(유형)

IL 모의고사1 질문 MP3

🎧 MP3 IL_Q_31~42

1번
자기소개

Let's start the **interview** now. Tell me about yourself.

2번
묘사

Tell me about how you usually **pay your phone bill.** How do you receive the bill? Do you get the bill at the beginning, middle or end of the month? Tell me about it.

3번
세부묘사

Who do you talk to on the phone? Mother? Sister? Who else do you talk to?

4번
묘사

I would like to talk about **where you live.** Can you describe your house to me? Give me a good description of your house.

5번
세부묘사

What do you do on the weekend? Sleep? Read? Name all the things you do on the weekend.

6번
묘사

Describe **one of the favorite things that people do when they get together** in the area in which you live. Maybe they throw a party, or they celebrate for something. Who goes there and what do they do when they are there?

7번
세부묘사

In your city, **what do people do during celebrations or parties?** Eat, drink, what else do they do?

8번
묘사

You indicated in the survey that you **listen to music.** What kinds of music do you listen to? Who are some of your favorite musicians or composers?

9번
세부묘사

What days of the week do you listen to music? Monday? What days?

10번
롤플레이

A friend of you has told you that **a new bar is opening.** Call your friend and ask three or four questions to find out more about the bar.

11번
묘사

What kinds of technology do people typically use in your country? Do people use computers, cell phones and hand-held devices? What are some common forms of technology that people have?

12번
롤플레이

I just bought a new laptop computer. Ask me three or four question about **my new computer.**

진짜녀석들 OPIc IL MP3 질문 리스트(유형)

IL 모의고사2 질문 MP3

1번
자기소개

Let's start the **interview** now. Tell me about yourself.

2번
묘사

Please tell me about the **weather** at where you live. What is the weather like **in each season**? **Which season** do you like the most?

3번
세부묘사

How is **the weather today** at where you are? Is it cold, is it warm? Talk about today's weather in detail.

4번
묘사

What **kind of furniture** do you have at home? Tell me about different types of furniture at home. Please tell me in as much detail as possible.

5번
세부묘사

What is your **favorite piece of furniture** at home and **why?**

6번
묘사

Describe **a family or a friend** you have. What is he or she like? What is **special** about that person? Give me all the details about that person.

7번
세부묘사

Please tell me about your **family**. Do you have **a brother or a sister**?

8번
묘사

You indicated in the survey that you go to **parks** with adults. Describe **one of your favorite parks**. Tell me where it is and what it looks like. Describe the park for me.

9번
세부묘사

What do you do at the park? Do you inline skate in the park? Do you play baseball in the park? What do you do in the park?

10번
롤플레이

I'm going to give you a situation and ask you to act it out. You want to **buy a new cell phone. Call a store** and **ask** three to four questions **about a new cell phone** you want to buy.

11번
묘사

You indicated in the survey that you go to **cafes**. What cafes or coffee shops are there in your neighborhood? **Which café do you like to go** to and **why?** Please tell me in detail.

12번
롤플레이

I **work at a cafe. Ask** me three or four questions **about the cafe and what I do there.**

진짜녀석들 OPIc IL 암기 문장 리스트

진짜녀석들 OPIc의 유형별 암기 문장을 모아두었으니 적어도 80% 이상은 암기하시기 바랍니다.

🎧 MP3 IL_1~26

묘사

1. Okay Eva, **park**? Sure, I'm gonna tell you about **the park**.

2. Well, **weather**? You know, I got a lot to tell you Eva.

3. Oh yeah, **music**? You know, I love **hip-hop**.

4. Alright Eva, this is all I can say about **music**. Thank you.

5. Well, okay Eva, that's all I can say.

6. Um, yeah, this is about **my favorite park**.

7. First of all, it is so **peaceful** and so **beautiful**.

8. Moreover, you can find **a huge running track**.

9. As you can imagine, on the first floor, there are lots of **rooms**.

10. In addition, on the second floor, there are lots of **ATMs**.

11. Lastly, on the top floor, you can find **a beautiful garden** and **a coffee shop**.

12. Frankly speaking, I like all kinds of **music** such as **ballad**, **hip-hop** and so on.

13. Also, I like **K-pop** because **they** are getting so popular.

14. To be honest, it is **always** packed with lots of people.

15. Plus, I like **traveling** because I can release stress.

16. Actually, I like **my friend** because he is **an outgoing person**.

롤플레이

17. Hi there, can I ask you something?

18. Firstly, where is it?

19. Secondly, what are your opening hours?

20. Lastly, how much do I pay?

21. Alright then, thanks a lot. See you soon.

22. Hi Eva, I heard that you like **listening to music,** right?

23. Firstly, why do you like **listening to music**?

24. Secondly, who do you usually **listen to music** with?

25. Lastly, when do you **listen to music**?

26. Okay Eva, see you later.

진짜녀석들 OPIc IL 어휘 및 표현 리스트

묘사 답변에 사용된 유용한 어휘 및 표현들을 암기하시기 바랍니다.

a huge living room 큰 거실
all kinds of drinks 모든 종류의 술
also 또한
as I told you 내가 말했듯
as you can imagine 네가 상상하듯
baseball field 야구 필드
basketball court 농구장
dairy product 유제품
first of all 첫 번째로
food in the grocery store 식료품점의 음식들
fruits and vegetables 과일과 야채들
have coffee 커피를 마셔
he is very handsome and funny 그는 굉장히 잘 생겼고 재밌어
he is very kind and honest 그는 굉장히 착하고 정직해
how to get to the bar 바에 가는 방법
I buy milk everyday 난 매일 우유를 사
I go skiing in winter 겨울에 난 스키를 타러 가
I go to the bar and drink with my sister 난 바에 가서 여동생과 술을 마셔
I like listening to music 난 음악 듣는 것을 좋아해
I like running 난 뛰는 걸 좋아해
I listen to music there 난 그 곳에서 음악을 들어
I listen to music with my phone 난 전화기를 사용해서 음악을 들어
I live in an apartment 난 아파트에 살아
I love my house 난 우리집을 좋아해
I love spring 난 봄을 좋아해
I play soccer games with my phone 난 전화기를 사용해서 축구 게임을 해
I sleep there 난 그 곳에서 잠을 자
I take a rest 난 쉬어
I talk to my brother on the phone 난 남동생/형과 통화를 해
I talk to my sister on the phone 난 여동생/누나와 통화를 해
I usually call my friend 난 주로 내 친구에게 전화를 해
in my house 우리 집에는
in Seoul 서울에
in the bar 바 안에
inside the bank 은행 안
it is convenient 편리하다
it is spring in Korea 한국은 현재 봄이야
it is very cold in winter 겨울엔 너무 추워
it is very hot in summer 여름엔 너무 더워
Korean food 한국 음식
Koreans like all kinds of snacks 한국 사람들은 모든 종류의 과자를 좋아해
lots of bills and coins 많은 지폐와 동전들
lots of foreigners like eating Kimchi 많은 외국인들이 김치 먹는 것을 좋아해
lots of foreigners 많은 외국인들
lots of snacks 많은 과자들
many flowers and trees 많은 꽃들과 나무들
money in my country 우리나라 화폐
moreover 게다가
my favorite bar 내가 좋아하는 바
my home address 우리 집 주소
my sister likes all kinds of drinks 내 여동생은 모든 종류의 술을 좋아해

near my apartment 아파트 주변
our room number 우리집 호수
outgoing and talkative 활발하고 말이 많은
spring, summer, autumn and winter 봄, 여름, 가을 그리고 겨울
the coffee shop is so quiet 커피숍은 정말 조용해
the name of the apartment is~ 우리집 아파트 이름은 ~이야
the name of the bar 바의 이름
the park is very quiet 공원은 엄청 조용해
the weather is so beautiful today 오늘 날씨가 너무 아름다워
the weather is warm 날씨가 따뜻해
the weather today is very warm 오늘 날씨는 굉장히 따뜻해
the weather today 오늘 날씨
there are 3 bedrooms 방이 3개가 있어
there are four seasons in Korea 한국에는 4계절이 있어
there are lots of bills in Korea 한국에는 지폐들이 많아
there are lots of coins in Korea 한국에는 동전들이 많아
they take a walk 그들은 걷는다
they take cabs 그들은 택시를 탄다
we go to the park and run 우린 공원에 가서 뛰어
we like all kinds of computer games 우린 모든 종류의 컴퓨터 게임을 좋아해
we talk about computer games 우린 컴퓨터 게임에 대해 통화를 해
we talk about K-pop 우린 케이팝에 대해 통화해
we usually talk about music 우린 주로 음악에 관해 이야기를 해
we work out together 우린 함께 운동을 해
weather and seasons in my country 우리나라 날씨와 계절
what I do at the park? 내가 공원에서 뭘 하냐고?
yeah~ 그래~
you know 있잖아

진짜녀석들 OPIc IL 어휘 및 표현 리스트

롤플레이 답변에 사용된 유용한 어휘 및 표현들을 암기하시기 바랍니다.

active person 활동적인 사람

are there lots of parks in Canada 캐나다에는 많은 공원들이 있어?

can I get a discount? 할인을 받을 수 있나요?

can I take my friend? 친구 데려가도 돼?

can we listen to music at the beach? 해변에서 음악 들을 수 있어?

do you have a black T-shirt? 검정 티셔츠가 있나요?

do you have American brands? 미국 브랜드가 있나요?

do you want to go to the beach? 해변에 가고 싶어?

for me 나같은 경우는

how about Canada? 캐나다는 어때?

how about you? 너는?

how about 해운대 beach? 해운대 해변은 어때?

how many rooms are there in your house? 집에 방이 몇 개가 있어?

how much is the standard room? 스탠더드 객실은 얼마인가요?

I heard that it starts at 7pm 7시에 시작한다고 들었습니다

I heard that you like going to the park 공원 가는 것을 좋아한다고 들었어

I heard that you like jogging 조깅을 좋아한다고 들었어

I heard that you like spending time on vacation at home
휴가 때 집에서 시간을 보낸다고 들었어

I heard that you like traveling around your country 국내여행을 좋아한다고 들었어

I heard that you live in an apartment 아파트에 산다고 들었어

I heard that you live in Canada 캐나다에 산다고 들었어

I heard that you play the violin 바이올린 연주를 한다고 들었어

I jog every morning 난 매일 아침에 조깅을 해

I live in Seoul 난 서울에 살아

I need to see a doctor 의사선생님과의 예약을 원합니다

I play the violin everyday 난 매일 바이올린 연주를 해

I usually call my friend Chloe 난 주로 내 친구 Chloe를 불러

I usually go to the beaches 난 주로 해변을 가

I usually go to the park 난 주로 공원을 가

I usually listen to music at home 난 주로 집에서 음악을 들어

I usually travel in summer 난 주로 여름에 여행을 가

I want to buy a new cell phone 새 핸드폰을 구매하려 합니다

I want to buy some T-shirts 티셔츠를 사고 싶습니다

I want to order some concert tickets 콘서트 티켓을 구매하고 싶습니다

I want to see a doctor at 9am 전 오전 9시에 예약을 원합니다

I will love that party 난 그 파티를 좋아할 것 같아

I would like to book a hotel 호텔 예약을 하고 싶습니다

in Korea 한국에는

in the park 공원에는

is it 24/7? 운영 시간은 24시간 인가요?

is it 9 to 6? 운영 시간은 오전 9시부터 오후 6시까지 인가요?

is it a dance party? 댄스파티야?

is it ABC concert hall? ABC 콘서트 홀인가요?

is it right? 맞나요?

it is close to the airport 공항에서 가깝습니다

it is in the ABC shopping mall ABC 쇼핑몰 안에 있습니다

it is in the OPIc shopping mall OPIc 쇼핑몰 안에 있어요

it is very cold in winter 겨울에는 엄청 추워

it is very hot in summer 여름에는 엄청 더워

near my house 집 근처에

there are four seasons in Korea 한국에는 4계절이 있어

what else do you do at the park 또 다른 어떤 것들을 해?

what kind of party is it? 어떤 종류의 파티야?

what time does the concert begin? 콘서트는 몇 시에 시작하나요?

when is the doctor available? 의사 선생님 예약은 언제 가능한가요?

where is the cell phone store? 핸드폰 가게는 어디에 있죠?

where is the concert hall? 콘서트홀은 어디에 있죠?

where is the hospital? 병원은 어디에 있죠?

where is the party at? 파티는 어디서 열려?

where is your apartment? 아파트는 어디에 있어?

with my brother 남동생/형과 함께

진짜녀석들 OPIc IL 어휘 및 표현 리스트

IL 모의고사 답변에 사용된 유용한 어휘 및 표현들을 암기하시기 바랍니다.

ABC coffee is so good ABC 커피는 너무 맛있어
at the end of the month 월말에
can I get a discount? 할인을 받을 수 있을까요?
celebrations or parties 기념일 혹은 파티들
classical music 클래식 음악
did you get a discount? 할인은 받았어?
do you open on Saturday? 토요일도 오픈하시나요?
every morning 매일 아침
gathering 모임
Hawaii is my favorite place 하와이가 내가 좋아하는 곳이야
he is very funny 그는 재미있어
he loves sports 그는 운동을 좋아해
her songs are great 그녀의 노래들은 대단해
how about you? 너는?
how I usually pay my phone bill 내가 주로 전화요금을 지불하는 방법
I bought a Samsung brand laptop computer 난 삼성 노트북을 샀어
I can sleep and relax 난 잘 수도 있고 쉴 수도 있어
I drink coffee and relax 난 커피도 마시고 쉬어
I go to the club 난 클럽에 가
I go to a coffee shop a lot 난 커피숍을 자주 가
I go to the park and listen to music 난 공원에 가서 음악을 들어
I go to the park and work out with my brother 난 형과 함께 공원에 가서 운동을 해
I have a big family 우린 대가족이야
I have all kinds of furniture 난 모든 종류의 가구들을 가지고 있어
I have coffee there 난 그 곳에서 커피를 마셔
I have one sister and one brother 난 누나와 형이 있어
I heard about a new bar 새로운 bar에 대해 들었어
I heard that you bought a new laptop computer 새로운 노트북을 샀다고 들었어
I heard that you work at the café 커피숍에서 일한다고 들었어
I like cooking 난 음식 하는 것을 좋아해
I like listening to music 난 음악 듣는 것을 좋아해
I like listening to music there 난 그곳에 앉아 음악 듣는 것을 좋아해
I like Mariah Carey 난 머라이어 캐리를 좋아해
I like running 난 뛰는 것을 좋아해
I like swimming, snorkeling, diving and so on 난 수영, 스노클링, 다이빙을 좋아해
I like to go there 난 그곳에 가는 것을 좋아해
I listen to ballad on Monday 난 월요일에 발라드를 들어
I listen to hip-hop on Friday 난 금요일에 힙합을 들어
I listen to K-pop on Sunday 난 일요일에 케이팝을 들어
I listen to music everyday 난 매일 음악을 들어
I live in a huge house 난 큰 집에 살아
I mean 내 말은
I pay my phone bill 난 전화요금을 지불해
I read books there 그곳에서 책을 읽어
I run at the park 난 공원에서 뛴다
I talk to my brother on the phone 난 내 남동생/형과 통화를 해
I usually go to the park 나는 주로 공원에 가
I usually listen to music 나는 주로 음악을 들어
I want to buy a new cell phone 새 핸드폰을 사고 싶어요
I want to go snowboarding 스노우보딩 가고 싶어
I'd love to visit you 방문하고 싶어!
it is warm in spring and fall 봄과 가을은 따뜻해

in my free time 한가한 시간에
in my neighborhood 우리 동네에는
is it 24 hours? 24시간이야?
It's so beautiful and cozy 너무 예쁘고 아늑해
it's very comfy! 굉장히 편해
Koreans have parties 한국 사람들은 파티를 열어
Koreans like all kinds of drinks 한국 사람들은 술을 좋아해
Koreans love gatherings 한국 사람들은 모임을 좋아해
let me introduce myself 내 소개를 해줄게
let's try there 가보자
like I said, 내가 말했듯이
maybe you love coffee 아마 넌 커피를 좋아할거야
my favorite park is Lake park 내가 좋아하는 공원은 호수공원이야
my room is the biggest 내 방이 가장 커
on 25th 25일에
people go to the park to play sports 사람들은 운동을 하러 공원에 가
people use MP3 players 사람들은 MP3 플레이어를 사용해
people usually use cell phones 사람들은 주로 핸드폰을 사용해
she is very kind and pretty 그녀는 착하고 예뻐
so I cook 그래서 난 요리를 해
so I have coffee there 그래서 난 그 곳에서 커피를 마셔
the ski resort 스키장
there are four seasons in Korea 한국에는 4계절이 있어
there are lots of bars, coffee shops and so on 바, 커피숍 등이 있어
there is a couch in the living room 거실에는 소파가 있어
there is a huge dining room 큰 다이닝룸이 있어
there is a small terrace 조그마한 테라스가 있어
they are my best friends 그들은 나의 가장 친한 친구들이야
they drink coffee there 그 곳에서 그들은 커피를 마셔
they throw a party 그들은 파티를 열어
they usually listen to music together 그들은 주로 함께 음악을 들어
this Friday 이번주 금요일
we can release stress with good coffee 우린 좋은 커피를 마시며 스트레스를 풀어
we have coffee together 우린 커피를 함께 마셔
we listen to music together 우린 함께 음악을 들어
we talk about K-pop 우린 케이팝에 대해 통화해
we talk about sports 우린 스포츠에 대해 얘기를 해
what days 언제
what I do on the weekend? 내가 주말에 뭘 하냐고?
what kinds of technology do people use 사람들이 어떤 전자기기를 사용하냐고?
when do you open? 언제 오픈하세요?
when they get together 그들이 모이면
who I talk on the phone? 내가 누구와 통화를 하냐고?
why do you work at the café? 왜 커피숍에서 일해?
you can find many flowers and trees 많은 꽃들과 나무들을 볼 수 있어

MEMO

MEMO

MEMO

MEMO

MEMO

MEMO

MEMO